Claude CAJAT

La Brie gourmande

Promenades gastronomiques

en Seine-et-Marne, Essonne, Val-de-Marne et Marne

Du même auteur, aux éditions Amattéis

Crimes et criminels en Seine-et-Marne au XIXe *siècle,* 1990.

Illustration de couverture : *La Brie gourmande*, aquarelle de Pierre Conrad, 1992.

ISBN 2 86849

Claude CAJAT

La Brie gourmande

Promenades gastronomiques

en Seine-et-Marne, Essonne, Val-de-Marne, Marne

Préface de

Yves CHABOT
de l'Académie Rabelais
Rédacteur en chef
et chroniqueur gastronomique
de LA MARNE

Lys Éditions Presse – Éditions Amattéis
77350 Le Mée-sur-Seine
1992

Préface

Le vieux briard gourmand que je suis, ne pouvait que se réjouir de voir, enfin, être édité un livre à la gloire de notre gastronomie régionale.

Mais notre belle province est si riche en personnalités ayant marqué son histoire, et si fertile en produits dont la nature nous gratifie, qu'il fallait toute la patience et l'érudition d'un Claude Cajat pour entreprendre un tel travail de recherche.

A en parcourir les pages joliment illustrées de gravures anciennes, on se prend à rêver aux temps où nos aînés pratiquaient l'art de vivre, de parcourir la province et de se régaler des produits du terroir, mis en œuvre par des cuisinières de talent et des maîtres *chaircuitiers* de génie.

Tant il est vrai que de nombreuses recettes qui firent la gloire d'un Carême ou d'un Brillat-Savarin puisent leur origine dans notre terre de Brie et plus généreusement dans notre belle région.

Qui aujourd'hui se régale encore du potage Crécy (encore que ce Crécy-là ne soit peut-être pas le nôtre où la carotte n'a jamais encombré les marchés régionaux dans les siècles passés) ?

Qui connaît la recette de la quiche briarde ou du mille-feuille briard venu... d'Europe centrale ?

Qui oserait mettre à son menu les bouchées à la bénédictine dont on nous assure qu'elles furent élaborées pour la table d'une abbesse de Chelles ?

Et qui aurait l'impertinence de servir à sa table une macreuse en ragoût au... chocolat ou une mayonnaise assaisonnée à la même... sauce ?

C'est bien de les avoir réunies et d'en avoir fait l'historique. C'est mieux encore de leur redonner vie et de permettre ainsi à nos modernes ménages et chefs de cuisine d'aujourd'hui de les remettre au menu.

Mille fois bravo et merci à Claude Cajat et aux Éditions Amattéis de cette re-naissance de notre gastronomie régionale. Et bon appétit en terre de Brie.

Yves CHABOT
de l'Académie Rabelais
Rédacteur en chef
et chroniqueur gastronomique
de LA MARNE

À ma mère

La nourriture répond au rêve de notre âme
comme à l'appétit de nos entrailles

Joseph DELTEIL

La gourmandise est le péché
des moines vertueux

Honoré de BALZAC

Avant-propos

La Brie gourmande

Après Crimes et Criminels en Seine-et-Marne au XIXe siècle, *Claude Cajat s'est attaché, toujours dans le cadre régional, à un sujet beaucoup plus serein : la gastronomie.*

Gastronomie, ou plutôt art de vivre, à travers les siècles et les lieux, au gré des milieux et des personnages.

D'abord avec la cuisine paysanne, dominée en Brie par deux produits dont la réputation a dépassé les frontières : le fromage et le froment ; mais offrant également des plats simples et savoureux de poisson, de volaille, qui exhalent eux aussi « le fumet du terroir ».

Avec la cuisine bourgeoise, ensuite ; bourgeoise et bohème, au juste, ce qui n'est pas incompatible. « Les secrets des fourneaux » s'y révèlent à propos de bien des mets, derrière les dignes façades de Meaux et de Fontainebleau, comme au bord de l'Yerres ou des sous-bois de Barbizon, anciens rendez-vous d'artistes en goguette.

Avec la tradition aristocratique aussi, celle des rois, et des favorites, des évêques et des financiers ; elle a placé sur « les tables des châteaux » des plats de grande cuisine dont les recettes ont pafois été élaborées en Brie.

Avec enfin les professionnels de la restauration, bien enracinés en Brie, et redevables à ses anciennes auberges de leur savoir-faire de « maîtres de la saveur ».

Les promenades auxquelles, sur ces quatre thèmes, nous invite Claude Cajat, sont complétées par des recettes, au nombre de 198. Toutes replacées dans leurs sites et leurs époques d'origines, elles permettent au lecteur, qu'il soit gourmand, gourmet, cuisinier amateur ou simple curieux, de ne pas manger… ignare.

Note de l'éditeur

L'ouvrage de Claude Cajat, *La Brie gourmande*, se présente sous la forme de promenades gastronomiques. C'est pourquoi le choix des illustrations répond au même souci : promenades dans le passé historique, touristique et même quotidien de la Brie.

Passé historique, avec le portrait des personnages illustres, des chefs d'État aux chefs de cuisine, cités par l'auteur ; passé touristique, grâce à des cartes postales anciennes représentant les châteaux, les hôtels, les restaurants ou plus simplement, les communes, cités dans le texte ; enfin passé de tous les jours, avec des publicités, des scènes de la vie quotidienne d'autrefois.

En effet, il était préférable de privilégier une iconographie régionale, plutôt que d'avoir recours à des généralités culinaires.

On trouvera également, en hors-texte, presqu'un siècle (1899 - 1990) de menus servis en Seine-et-Marne !

Pour aider le lecteur à mieux localiser les communes évoquées par des cartes postales ou des photographies anciennes, il est fait référence, dans les légendes, au canton auxquelles elles appartiennent. Il s'agit, bien naturellement, du canton qui existait au moment de la prise de vue.

Et maintenant, il ne me reste, amis lecteurs, qu'à vous souhaiter de bonnes promenades et un bon appétit !

Maurice Amatteis

Remerciements

Je tiens à remercier tout particulièrement de leurs encouragements et de l'aide qu'ils m'ont apportée afin de compléter ma documentation, les éditions Amattéis ; Monsieur Henri Hanneton, président de l'association « Mieux Vivre à Blandy » ; Monsieur Yves Neveu, chef de cuisine à « la Gascogne » à Émerainville ; Madame Véra Dorrer, de Meaux, qui a bien voulu réserver pour cet ouvrage l'exclusivité de sa recette des filets de Saint-Pierre à la Bossuet ; Monsieur Jean Golinelli, président de la Société d'Histoire et d'Archéologie de la Goële, pour ses précisions sur la présence de la famille Cambacérès à Moussy-le-Neuf et le docteur Francis Trépardoux, membre de la Société d'Histoire de la Pharmacie, pour ses renseignements au sujet du chocolat.

Claude CAJAT

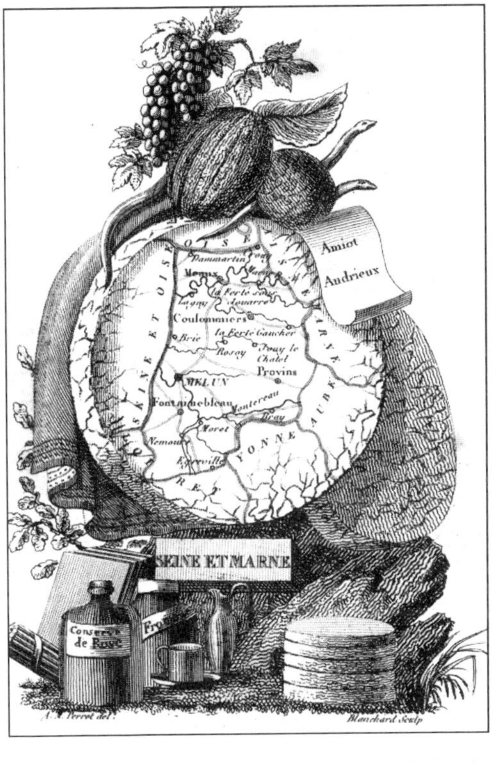

1.- Carte allégorique de la Seine-et-Marne, début du XIXe siècle.

1

Le fumet du terroir

2.- Un repas de fête dans la campagne briarde vers 1880.

Le fromage et le froment

Revêtue de champs de blé et de pâturages, la Brie présente la particularité d'appartenir aussi bien à la tradition agricole du midi, céréalière, qu'à celle du nord, avant tout laitière. Elle est en France, et même en Europe, l'une des rares contrées où elles se rencontrent à égalité, et surtout au plus haut niveau de leurs productions respectives.

Aussi, sa réputation à l'intérieur et bien au-delà de nos frontières tient à ces deux produits en rapport direct avec la table. L'un et l'autre blanc et or, mais en couleurs inversement présentées : l'enveloppe brillante de chaque grain de blé renferme l'amande d'amidon et de gluten qui donnera après moûture la fleur de farine ; celle, neigeuse et duveteuse, du fromage de Brie libère une fois entaillée la pâte à la tendre blondeur.

L'un et l'autre, inséparables, prennent tout naturellement une valeur symbolique, celle du savoir-faire acquis depuis les premiers âges, et de l'effort renouvelé de générations de laboureurs, pâtres, moissonneurs, meuniers, fourmaigiers et fourniers.

3.- Monthyon (canton de Dammartin-en-Goële) – le vieux moulin vers 1902. C'était le dernier « moulin pivot » de Seine-et-Marne. Il remontait à 1660 et cessa d'être exploité entre 1890 et 1899. Il s'est écroulé lors de la bataille de la Marne.

Les moyens ont évolué : la moissonneuse-lieuse, puis la moissonneuse-batteuse ont remplacé la faucille et l'éprouvette vient parfaire le travail de la faisselle. Mais l'esprit reste le même, attaché au souci de la qualité.

Comme ses aïeux les Francs, qui conquirent ces plaines entre Seine et Marne, souvent clairs de teint et de toison, le peuple briard blanc et or continue d'envoyer aux autres peuples de la planète, et pour leur plus grande joie, le fromage et le froment.

4.- Une moissonneuse-lieuse dans la plaine de Tesnières à Paley (canton de Lorrez-le-Bocage) en 1939.

À la gloire du fromage de Brie

Roi des fromages et fromages des rois : la formule, devenue banale à force de répétition à propos de n'importe quoi, est pourtant celle qui convient le mieux pour définir le plus connu des produits de la Brie. Elle correspond d'ailleurs à une réalité consacrée institutionnellement et internationalement, et pas dans n'importe quelles circonstances puisqu'il s'agit de rien moins que le Congrès de Vienne, en 1815.

Talleyrand, envoyé du roi Louis XVIII mais représentant une nation vaincue avec Napoléon, s'y trouvait dans une position délicate. Il lui incombait d'épargner à la France toute humiliation par les alliés. En plus de son talent diplomatique, il disposait à cet effet de deux atouts qu'il n'avait pas oubliés dans ses bagages : le charme de sa nièce Dorothée et le savoir-faire de son cuisinier Carême. S'appuyant sur l'un et sur l'autre, le vieux renard ne se privait pas d'affirmer la supériorité de la culture française, et la gastronomie, cette compagne inséparable de tous les congrès, lui offrait un terrain de choix.

5.- Charles-Maurice de Talleyrand-Périgord, prince de Bénévent, ancien évêque d'Autun, diplomate sans moralité mais plein d'habileté et d'esprit (1754-1838).

Lors d'une réunion, il déclara qu'aucun fromage ne pouvait soutenir la comparaison avec le brie de Meaux. Au nom de la Confédération germanique dont son empereur était le président, le chancelier d'Autriche Metternich en tenait pour le bleu de Bavière. Agacé, il décida sur la suggestion d'autres diplomates présents que l'on débattrait de cette importante question lors d'un prochain banquet : chaque participant présenterait aux suffrages son fromage national. Il en fut dénombré cinquante-deux.

Le chiffre peut paraître excessif. Il ne l'est pas si on le considère par rapport à la variété fromagère européenne, et au nombre des souverains, républiques, cités et communautés participant au Congrès de Vienne.

Et au jour fixé, lord Castlereagh présenta le stilton, Alvini le strachino de Milan, comme le baron de Falk, ministre des Pays-Bas, assura la promotion du limbourg et M. Zeltner parla au nom des cantons suisses… et de l'emmenthal. Et ainsi de suite tous les potentats et plénipotentiaires assemblés.

6.- Allégorie à la gloire du fromage de Brie, gravure extraite d'un almanach seine-et-marnais, fin du XIXe siècle.

Quand vint le tour de la France, Talleyrand fit apporter un fromage de Brie entier, qui provenait de la ferme de la famille Baulny, à Villeroy. Il en commenta l'apparence, l'apprêt, la saveur, dans des

7.- Pâture à Reuil-en-Brie (canton de La Ferté-sous-Jouarre) vers 1907.

termes particulièrement appétissants, et à l'issue de la compétition, le brie triompha. Cette victoire vengeait Waterloo, moralement au moins.

Elle s'inscrivait dans une certaine logique, car depuis longtemps le fromage de Brie se trouvait associé aux grands faits d'armes français. Après la bataille de Rocroi, le Grand Condé s'en fit servir avant de prendre quelque repos. Il était certainement prédisposé à le connaître, les domaines ancestraux des Condé autour de La Ferté-sous-Jouarre correspondant à son berceau présumé. En effet, création monastique à l'instar de beaucoup d'autres fromages, celui de Brie passe pour devoir son existence à l'abbaye de Jouarre.

En ces temps reculés, c'est au prieuré de Reuil-en-Brie que Charlemagne, sur le chemin d'Aix-la-Chapelle après avoir vaincu les Lombards, le goûta et l'apprécia au point de demander qu'on lui en expédiât chaque année dans sa capitale.

En pleine guerre de Cent Ans, Eustache Deschamps, huissier d'armes des rois Charles V et Charles VI, prisait très haut le fromage de Brie, comme s'il y trouvait, en ces heures de lutte et de deuil, les vertus patriotiques bien précieuses contre l'occupant anglais.

8.- Essai de reconstitution de la cour intérieure du château de Brie-Comte-Robert au XIVe siècle, dessin d'Edmond Michel en 1900.

Homme de guerre, Eustache Deschamps était surtout homme de lettres, et après lui ses confrères en poésie continuèrent de célébrer le brie. On connaît le madrigal de Charles d'Orléans :

« Mon doux cœur, je vous envoie,
Soigneusement choisi par moi,
Le brie de Meaux délicieux.
Il vous dira que, malheureux
Par votre absence, je languis
Au point d'en perdre l'appétit,
Et c'est pourquoi je vous l'envoie.
Quel sacrifice c'est pour moi ! »

Ce n'était pas seulement un exercice de style. Charles d'Orléans connaissait bien ce dont il parlait, puisqu'une déclaration de Guillaume Ligier, concierge de son hôtel parisien, retrace qu'il y réceptionna le 9 décembre 1407 *« vingt douzaines de fromaiges du païs de Brie demandés par ledit seigneur pour donner aus estraines prochain. »*

Afin d'éviter toute occasion à des susceptibilités locales, il convient de préciser que de telles quantités devaient comprendre, outre du brie de Meaux, du brie de Melun, le duc-poète ayant reçu en apanage le château de Brie-Comte-Robert, comme l'a fait autrefois remarqué Eugène Grésy.

Au siècle suivant, le propos est évidemment moins éthéré chez Rabelais, qui prête à Grandgousier l'intention d'envoyer à son fils Gargantua la grande jument chargée *« de froumaiges de Brye et de harengs frais »*. Et encore cent ans après, l'un des premiers membres de l'Académie française, Saint-Amant, illustrait le même esprit, et... le même fromage. Il est vrai qu'il fut l'auteur d'un poème intitulé *Les Goinfres*, plein de truculence comme ces vers qui en sont extraits :

« Fromage, que tu vaux d'écus !
Je veux que ta seule mémoire
Me provoque à jamais à boire.
À genoux, enfants débauchés !
Chers confidents de mes péchés.
Sus... qu'à plein gosier on s'écrie :
Béni soit le terroir de Brie ! »

Bien plus tard, en pleine époque romantique, le même éloge devait prendre les accents propres au lyrisme du temps ; et d'autant plus que leur auteur était un enfant du pays. Sous le pseudonyme de Verfèle, anagramme de son nom, Denis Lefèvre publia en 1830, chez Félix Loquin à Paris, une plaquette intitulée : *Suprématie du fromage de Brie, hymne d'un Meldois, dédié à M. J...t, propriétaire en Brie.*

Le brie s'y trouve défini comme de « l'ambroisie en fromage », en vertu de quoi les vaches de la région sont présumées issues de ma mythique Io ; et n'hésitant pas à comparer ce qui ne doit pourtant pas être mesuré selon les mêmes critères, l'auteur établit un parallèle entre l'éloquence de Bossuet et le fameux fromage... à l'avantage de ce dernier :

« Tes fromages en plus d'un lieu
Sont plus goûtés que son génie. »

9.- *Marche des fromages de Brie*, paroles de Paulette Lauxerrois, musique de Étienne Lorin, créée à Coulommiers, lors des fêtes du millénaire du fromage de Brie en 1967.

De prosodie savante en rime naïve, la même louange montait des salons comme des étals, de la ruelle des précieuses et de la rue tout court. On la retrouve dans les cris de Paris, selon lesquels les marchands de fromage proposaient essentiellement du brie à leurs pratiques, tel celui-ci :

« Angelots de Brie,
Des grands et des petits,
M'achetez, je vous prie,
Ils sont d'appétit ! »

ou cet autre, moins optimiste :

« Fourmaige de Brye,
Fourmaige à la livre !
Fourmaige de Brye
Tant plus haut je crie
Et moins j'en délivre ! »

Du peuple et des rois les goûts étaient à l'unisson depuis le capétien Philippe-Auguste. À table comme ailleurs, il avait repris la tradition carolingienne. Mais c'est surtout des Bourbons que le fromage de Brie demeure indissociable. Il est présent depuis leur accession au trône, avec la mémorable dégustation d'Henri IV au château de Meaux en février 1594, jusqu'à leur chute avec le pauvre Louis XVI, peut-être perdu par son légendaire appétit : à Varennes, c'est le temps passé à apaiser une fringale avec du brie arrosé de vin rouge qui permit à l'épicier Sauce de l'identifier et de faire arrêter sa fuite.

Ainsi, aux heures de grandeur et de tragédie, au temps du péril comme à celui de la douceur de vivre, le brie est intimement associé à notre histoire. Par son apparence à la fois ferme et tendre, son arôme alliant douceur et vigueur, n'est-il pas, à table, la meilleure illustration solide du caractère français, mélange indéfinissable et inimitable auquel on reconnaît partout la nation *« mère des arts, des armes et des lois » ?*

10.- Fermière briarde autour de 1900, dessin de P.-L. Menon.

D'une manière plus pratique...

Melun et Montereau, Coulommiers et Meaux, Provins et Nangis, sont les grands crus du brie : ce qui pourrait être un adage trouve sa justification dans les multiples provenances et appellations de ce fromage, avec les exclusivités et les revendications qu'implique toute diversité.

Les détails en étant infinis, voici simplement quelques notions élémentaires :

- l'aire de production du brie dépasse les limites du département de Seine-et-Marne, s'étendant aussi sur une partie de l'Aube (régions de Nogent-sur-Seine et de Marcilly-le-Hayer) et de l'Yonne (régions de Sergines, Pont-sur-Yonne et Chéroy).
- la distinction entre les bries d'appellation et les bries laitiers : la production des premiers est astreinte à une zone déterminée et à une fabrication fermière ou artisanale (brie fermier de Meaux, brie de Melun blanc (frais), brie de Melun affiné, brie de Melun bleu (saupoudré de charbon de bois), brie de Montereau ; le brie de Coulommiers, dit « petit moule », n'est pas astreint à ces obligations, mais la région de Coulommiers revendique, non sans raisons, avoir été le principal centre de fabrication des bries du type « Meaux », dont le nom générique proviendrait de l'important marché qui se tenait dans cette ville ;

11.- Coulommiers – le marché aux fromages vers 1905.

- celui-ci connût une extension telle que le maire de Meaux prit, le 28 décembre 1902, un arrêté de « *Réglementation du Marché aus fromages* » aux termes duquel il était prescrit : « *Article 1er : La vente des gros fromages sous la halle, aura lieu de 10 heures du matin à midi et demi. À partir de midi, aucune introduction de paniers ne pourra être faite sous la halle. Aucune vente ne pourra avoir lieu après le coup de cloche annonçant la fermeture du marché...* »
- le brie de Coulommiers et le fromage dit « Coulommiers » sont différents, le second étant plus gras, et surtout beaucoup plus petit ; on l'appelle « fougeru » lorsqu'il est enveloppé de rames de fougère ;
- le brie de Provins et le brie de Nangis sont devenus très rares ; le second avait localement la réputation d'être le meilleur des fromages de Brie ;

12.- Le chargement dans les fermes et marchés de la Brie. Ici à Coulommiers, les camions de la maison Pénelle-Goga, fromages de Brie à Avon, ont fait le plein de fromages fermiers.

13.- Publicité du Syndicat des producteurs de brie de Meaux, parue dans *Le Publicateur* du 14 juillet 1928.

– le brie de Nangis, qui ne contient que trente pour cent de matière grasse, est recommandé aux dyspeptiques.

– les « bries noirs » plus secs doivent leur nom à leur croûte marron foncé, obtenue par un séchage d'au moins un an dans le foin et dans une cave à courants d'air ; ils étaient obtenus autrefois exclusivement à partir de bries de Meaux.

– la meilleure époque pour la consommation des bries de Meaux et de Melun est de novembre à juin, pour le brie de Montereau d'octobre à juin, et pour celui de Coulommiers d'octobre à mai ;

– les différences entre le brie de Meaux et le brie de Melun consistent dans les dimensions et dans le goût, le brie de Melun étant moins large et plus épais, et d'une saveur plus salée, légèrement piquante ;

– un bon brie doit avoir la croûte blanche duveteuse, pigmentée de rouge, ou même rougeâtre ; cette apparence est acquise au cours de la dernière phase de maturation, sous l'effet d'un ferment actuellement produit en laboratoire à La Ferté-sous-Jouarre ;

– la pâte doit être de couleur jaune pâle ; elle ne doit pas couler ; ne servez donc

- la pâte doit être de couleur jaune pâle ; elle ne doit pas couler ; ne servez donc pas un brie trop fait, mais utilisez-le dans les nombreuses recettes que le brie a inspirées (voir en 2e partie) ; un peu passé et fort, le fromage de Brie était autrefois, dans les fermes qualifié « piouleux » et mis de côté pour les ouvriers agricoles ;
- le brie est le moins riche en lipides de tous les fromages (21 grammes pour cent) et le moins calorique (271 calories pour cent grammes, et 279 dans le Coulommiers).

C'est la finesse de sa pâte qui a valu au fromage de Brie d'être défini comme une « pâtisserie » fromagère. Cette nature devait tout naturellement le rapprocher des pâtisseries proprement dites par la contribution qu'il y prend depuis les temps les plus reculés. Le mot « brioche » ne dériverait-il pas de « brie » ? La brioche au brie est en tout cas la plus ancienne de ces utilisations. Elle a été longtemps confondue avec les bouchées à la reine, pour des raisons auxquelles l'épouse de Louis XV, Marie Leczinska, n'est pas étrangère (voir en 3e partie).

Voici la recette de la brioche au brie d'après *La cuisine au fromage.*

Brioche au brie :

Enlevez la croûte d'un morceau de brie de Meaux ou de Coulommiers d'environ 150 grammes. Pilez-le au mortier et malaxez-le avec 20 grammes de beurre.
Incorporez cette préparation avec 250 grammes de pâte à brioche reposée et levée.
Laissez reposer pendant une heure cette nouvelle pâte et ensuite versez-la dans un moule beurré. Incisez le dessus.
Faites cuire à four chaud pendant 30 minutes.

L'autre fromage du pays : le crémé de Fontainebleau

14.- *Les glaneuses* de Jean-François Millet reproduites en carte postale, vers 1910.

Il n'est pas brie, ni non plus de la Brie, puisque l'on quitte cette ancienne province en franchissant la Seine vers le sud. Il est du pays de Bière, qui correspond à tout le domaine de Fontainebleau, et aussi à un petit morceau de plaine coincé entre Gâtinais et Hurepoix, autour de Perthes.

Avec ses affleurements de grès et de sable, avec la présence puissante de la forêt, cette partie de Seine-et-Marne n'a jamais produit de riches cultures, d'élevage opulent. On y trouve de la pomme de terre, beaucoup de cresson, mais le miel, qui ne fait pas de différence entre terres âpres et terres fécondes, annonce déjà les douceurs du Gâtinais voisin.

Longtemps les cultivateurs de la Bière furent ceux de l'*Angelus* de Millet, et leurs modestes troupeaux ceux des tableaux des peintres de Barbizon ou, de l'autre côté de la forêt, de la grande Rosa Bonheur.

C'était assez pour donner un laitage rustique et frais comme le sous-bois, fin comme son peuple d'artistes, élégant comme la ville qui lui prête nom et notoriété.

15.- Thomery (canton de Moret-sur-Loing) – By, l'atelier de Rosa Bonheur vers 1903.

Préparé avec du lait de vache ni affiné ni salé, le crémé de Fontainebleau est un mélange mousseux de crème fouettée et de caillé coagulé, égoutté puis lissé. Il se trouve dans le commerce, contenu dans de petits cartons enduits de paraffine, mais peut aussi être réalisé selon la recette suivante :

🕮 Crémé de Fontainebleau :

Fouettez dans une terrine de la crème fraîche bien froide. Prenez de la présure (substance extraite de la caillette de veau ou de l'estomac d'agneau, qui permet la coagulation du lait et de la crème).

Tout en continuant de battre la crème, incorporez-lui goutte à goutte la présure, à raison de 8 gouttes par décilitre de crème.

Dès que la consistance de la crème est sur le point de devenir ferme, cessez de la fouetter, faute de quoi vous obtiendrez du beurre.

Préparez des moules à fromage et garnissez-les de petites mousselines ébouillantées.

Posez la crème dedans à l'aide d'une cuillère, laissez égoutter pendant trois heures, puis démoulez en retirant la mousseline. Mettez au frais.

Servez recouvert de crème fraîche avec éventuellement du sucre, des fraises ou de la confiture.

Pain de chaque jour, pain de toujours

Avec ces morceaux de mie bistre trempés dans le lait de Montblu, nous avons déjà senti flotter l'odeur du pain de ce terroir. Au demeurant inséparable du fromage de Brie, il mérite bien quelques lignes, ne serait-ce qu'en raison de la qualité et de l'abondance du froment et de la présence immémoriale des grands moulins de Meaux. Dans les fours des domaines ruraux ou les boulangeries des villages, entraient des disques régulièrement façonnés et alignés, mais flasques et livides ; il en sortait des régiments de boules bien dorées.

16.- Meaux – moulins sur pilotis reconstruits au XVIe siècle.

Encore toutes brûlantes, on les appelait des flamiches, et refroidies, des miches, comme pour souligner que s'en était évanouie l'empreinte du feu.

À ces raisons de ne pas l'oublier s'ajoute une charmante anecdote, bien faite pour rappeler que le grenier à blé de la France fut aussi, depuis son premier âge et jusqu'à une période récente, une terre d'invasion et de combats.

Au mois d'août 1914, les villages du nord de Seine-et-Marne connaissaient, à l'annonce de l'avance ennemie, une effervescence et une crainte accrues par le passage de réfugiés de l'Aisne toute proche. Le 2 septembre, la plupart des habitants d'Étrépilly,

17.- Meaux – la grève des boulangers le 22 septembre 1906. La première distribution des boules de son. On appelait « boule de son » le pain fabriqué par la Manutention militaire. À une époque où chaque Français consommait 650 g de pain par jour, les Meldois étaient, malgré tout, contents de cette distribution.

18.- Étrépilly (canton de Lisy-sur-Ourcq) – rue du Pont-Vérard avant 1909. À gauche, la boulangerie Bézardin.

rassemblant leurs troupeaux, abandonnèrent leurs maisons et leurs champs, en direction du sud du département ou plus simplement des bois environnants.

Bientôt il ne resta plus dans le village que vingt-six habitants sur les cinq cent trente dont quatre-vingts étaient déjà mobilisés. Il fallut bien que ces irréductibles s'organisent, notamment en ce qui concerne l'alimentation, car il n'y avait plus ni boucher ni boulanger. Pour remplacer ce dernier, on demanda à un vieillard, la seule personne présente qui sût pétrir, de se mettre à l'ouvrage, et c'est à lui, Louis Bahuchet, âgé de quatre-vingt deux ans, que ce qui restait sur place de la communauté villageoise dut de ne pas manquer de pain. Celui-ci avait certainement, en ces jours de grand péril national, un goût d'angoisse.

Mais moins de deux semaines plus tard, après la bataille de la Marne, Étrépilly, comme toute la France, connaissait un premier soulagement, et le père Bahuchet pouvait rentrer dans sa retraite.

19.- Boulangerie équipée par le matériel « Rustic » de G. Biaudey-Fortin, ingénieur à Montereau, vers 1913.

Je ne doute pas qu'à l'instar des anciens de ce temps, il se soit, les soirs d'été, régalé d'une mioulée, et les soirs d'hiver, d'une routie. L'une et l'autre fort simples, elles consistaient respectivement dans du pain émietté dans un bol de lait bien froid, et en une tranche de pain rôtie trempée dans du vin versé dans le « gégneux », ce petit vase de terre cuite que l'on plaçait ensuite devant le feu de l'âtre, où l'ensemble chauffait doucement.

La mioulée fait penser à une anecdote contée sous le titre *Trois sous de lait* par le grand érudit briard que fut au XIXe siècle Anatole Dauvergne. Il y évoque un de ces artistes charmants comme il en vivait dans le Paris insouciant de la monarchie de Juillet et du Second Empire.

Il s'appelait Léonard Herrmann et était connu à l'Opéra-Comique où il remplissait les rôles de basse-taille sous le pseudonyme de Herrmann-Léon. Il consacrait ses loisirs à la peinture et compta parmi les découvreurs de la vallée du Morin. Le hameau de Vaux, près de Coulommiers, les anciens moulins de Pomolain et l'ancienne commanderie de l'Hôpital faisaient partie de ses paysages de prédilection.

Un matin qu'une étude attentive et prolongée « sur le motif » dans les vignes de Montanglaust lui avait creusé l'estomac, il avisa le lieu habité le plus proche. C'était la ferme de Montblieu (en patois briard : « Montblu ») habitée par un fermier nommé Charpentier.

Herrmann-Léon lui demanda s'il pouvait, moyennant rétribution, se faire servir un en-cas, ce à quoi le fermier consentit avant de regagner sa place au coin du feu, la pipe aux lèvres. Le peintre du dimanche, attablé, put bientôt se restaurer de ce qui n'était rien d'autre qu'une mioulée (une tasse de lait avec du pain de ménage) à ceci près que le lait était chaud, et ajouta au mélange des radis et du beurre frais battu. Pour son plus grand bonheur, car il y revint trois fois. Lorsqu'il alla demander au père Charpentier le prix de la collation, le fermier lui répondit d'un air matois, qu'il lui devait trois morceaux. Après un temps d'hésitation, il comprit qu'il s'agissait de trois morceaux de chant, le paysan l'ayant reconnu. Il s'exécuta volontiers, avec trois airs choisis par le cultivateur amateur d'art lyrique, qui le retint ensuite à déjeuner. Mais s'il est connu que l'air de la Calomnie du *Barbier de Séville*, un extrait de *Robert le Diable* et une *Barcarolle* d'Auber composèrent le récital, le menu du repas n'est pas parvenu jusqu'au narrateur.

20.- Coulommiers – le château de Montanglaust, ancien domaine de la famille maternelle de La Fontaine, en 1899.

Les délices rustiques du four à pain

Les jours où les paysans cuisaient le pain, il restait toujours un peu de place, dans le four, pour des pâtisseries salées ou sucrées. Dans l'un et l'autre goût, la galette à l'huile et le casse-musiau rencontraient le plus de succès.

L'une et l'autre étaient en tout cas mal nommées. La première consistait en réalité en un fond de tarte garni de tranches d'oignons trempées dans l'huile. C'était donc l'oignon, élément constant des plats cuisinés du nord (les méditerranéens le consomment cru) qui apportait à cette galette sa saveur dominante.

En ce qui concerne le casse-musiau, il est plus souhaitable que son surnom soit mensonger ; répandu dans toute la France, au moins comme casse-museau, il n'encourage pas à y mordre à belles dents. Il rappelle à cet égard le sciappa denti (casse-dents) corse, à ceci près que ce dernier est garni à base d'amandes et de fromage blanc, alors que son homonyme briard est composé d'une pomme entourée de pâte à pain. Le « Goliot » de la Goële est vraisemblablement une variante de ce procédé.

En cuisant prisonnier de la croûte hermétique, le fruit lui donnait le plus d'arôme possible. Intégral et contenu, il devenait facilement transportable, notamment pour les collations pendant les travaux des champs.

21.- Le repos des faneurs vers 1903. Ce repos est mis à profit pour faire la collation.

L'histoire leur réserva une fois au moins une destination exceptionnelle, puisque le dauphin fils de Henri IV (le futur Louis XIII), lorsqu'il visita le château de Pamfou, le 14 juillet 1609, se vit servir, entre la salade et une tarte à la crème suivie de quantité de fruits, des « pommes en pâte ».

Voilà qui atteste l'ancienneté du « casse-musiau », et sa présence dans un endroit auquel, curieusement, son étymologie le prédestinait. Le nom de Pamfou dérive en effet du latin *panis furnus*, qui signifie… four à pain.

Les pommes, en grand nombre, coupées en tranches, et sans pâte, étaient ainsi que les poires mises à sécher au four une fois retirés le pain et les pâtisseries, ce qui ne laissait rien perdre de sa chaleur, et permettait la conservation de ces fruits. On les appelait alors des daguenelles et les enfants, royaux ou non, en mangeaient des quantités immodérées.

22.- Cuisine ancienne avec four de boulangerie. Cette reconstitution qui figurait à l'Exposition universelle de 1900, avait été réalisée avec des pièces authentiques.

Aventures et métamorphoses de la bouillie : boulie et franchipane

Avec la mioulée, nous avons déjà abordé une manière de mélanger les deux grands produits de base de la campagne briarde : le lait à son état naturel et le blé sous la forme du pain. Mais si, à la place de ce dernier, on utilise sa matière première, la farine, on obtient en mariant blancheur solide et blancheur liquide le premier aliment consommé par l'homme depuis l'invention de l'agriculture : la bouillie.

Ses ingrédients proviennent de réserves constituées et d'une production régulière, à la différence de ceux fournis par la chasse et la cueillette. Accompagnant la sortie de la préhistoire, elle est vieille comme la civilisation. Aussi on la retrouve partout, à base de farine de millet en Afrique, et d'avoine en Angleterre (le fameux porridge) ; de maïs en Amérique du sud, et également en Italie (la polenta) et en France, avec les gaudes franc-comtoises, le milla languedocien et la rimotte périgourdine.

Parmi elles, la bouillie briarde, « boulie » en parler local, se distingue par la mise en œuvre de farine de froment, et la noblesse de cette composante lui confère sur les autres une indiscutable supériorité.

Mise à contribution au cours des siècles pour des pâtisseries plus élaborées, elle constitue la garniture de la « tarte en boulie », et le fond de la crème appelée frangipane ou franchipane, elle aussi utilisée pour garnir les fonds de tartes.

Mais la tarte à la frangipane, ou tarte-frangipane, dans laquelle on a vu la tarte briarde par excellence, avait une aire d'extension correspondant exclusivement à la moitié nord du département de Seine-et-Marne, avec Meaux, Crécy, Coulommiers, Rebais et La Ferté-Gaucher, toutes localités dans lesquelles (et autour desquelles) il n'était pas de fête réussie sans un nombre respectable de ces larges pâtisseries. Dans la vallée du Morin, le pâtissier Mongrolle, de Crécy, fut réputé au XIXe siècle pour celles qu'il confectionnait.

23.- Crécy-en-Brie en juillet 1910. À gauche, le restaurant-pâtisserie Ballé, ancienne maison Mongrolle.

Cause de ces variations à la fois culinaires et sémantiques, la différence entre boulie et frangipane n'est pas très nettement tranchée, et il semble que l'on ait plutôt utilisé le terme de boulie à Coulommiers et celui de frangipane à Meaux.

Toutefois, la boulie serait plus épaisse (un kilogramme de farine pour un litre de lait et 1 à 4 œufs) que la frangipane (un kilogramme de farine pour 4 à 10 litres de lait et 10 à 50 œufs !). D'autre part, la proportion de sucre, très fantaisiste dans la boulie comme dans la frangipane, s'avère indifférente pour les caractériser. Elle pouvait varier entre un poids identique à celui de la farine et un poids différent, soit très supérieur, soit très inférieur ; il semble que la règle la plus répandue ait été 500 grammes de sucre pour un kilogramme de farine.

Enfin, l'aromatisation n'est pas davantage un critère puisque dans les deux crèmes, on avait coutume d'ajouter des essences diverses.

Voici trois recettes, toutes tirées du *Nouveau Mémorial de la Pâtisserie :*

Bouillie de Coulommiers :

« Faire un mélange à sec avec 2 livres de farine et 3 livres de sucre, 275 grammes de fleur de riz, 125 grammes de fécule, 20 grammes de sel fin.

« Prendre 1 litre de lait, en mettre les 3/4 à bouillir. Mettre 25 grammes de cet appareil en terrine, le délayer avec 1 œuf et le lait qui reste ; lorsque le lait bout, versez sur l'appareil et reverser le tout en casserole, retirer au deuxième bouillon. Mettre à refroidir. Pour s'en servir, y mélanger un œuf et 3 jaunes, vanille, et garnir les tartes. »

24.- Coulommiers – le moulin des Prés avant 1905.

Frangipane

« Mettre en terrine 500 grammes de farine et 250 grammes de sucre, travaillez avec 5 œufs et 2 litres de lait bouillant. Faire prendre 2 bouillons et mettre en terrine avec 25 grammes de beurre et eau d'oranger, vanille et kirsch. L'on sucre et ajoute des œufs pour s'en servir. »

Franchipane de Meaux :

« Faire bouillir 1 litre de lait. Mélanger 100 grammes de farine et 100 grammes de sucre avec 5 œufs, mélanger la moitié du lait, verser cet appareil sur le lait bouillant qui reste dans la casserole, laisser bouillir un instant pour cuire la farine, et en terrine. Mouiller avec des œufs pour s'en servir. »

25.- Meaux – les moulins du Pont vers 1880.

La recette était passée au répertoire national, à moins qu'elle n'en soit venue, comme le nom de frangipane lui-même, introduit en France par Catherine de Médicis qui faisait parfumer ses gants avec une préparation italienne devant son nom à la grande famille romaine des Frangipani.

Ainsi, dans *La cuisinière bourgeoise*, publiée à Paris en 1764, on trouve sous le nom de crème de franchipane les indications suivantes :

🕮 Crème de franchipane :

« Mettez dans une casserole deux cuillerées de farine avec du citron vert râpé, de la fleur d'oranger grillée, hachée et une petite pincée de sel ; délayez avec cinq œufs, blancs et jaunes, une chopine de bon lait, un morceau de sucre, faites cuire, en la tournant toujours sur le feu pendant une demi-heure ; quand elle sera froide, elle vous sert pour faire une tourte de franchipane ou des tartelettes ; vous n'avez plus qu'à la mettre sur une pâte de feuilletage ; quand elle sera cuite, vous la glacez avec du sucre. »

🕮 Rôties de frangipane :

Selon le même ouvrage, cette crème pouvait servir à préparer des rôties de frangipane, ainsi décrites :

« On coupe des mies de pain un peu grandes, on les passe sur le feu avec du beurre jusqu'à ce qu'elles soient d'une belle couleur dorée, on les couvre de l'épaisseur d'un doigt avec de la crème de frangipane... On met sur la crème des blancs d'œufs fouettés avec du sucre fin, on fait cuire au four très doux ou sous un couvercle de tourtière, jusqu'à ce qu'elles soient d'une belle couleur dorée. »

🕮 Flan de Crêvecœur :

Dans un ouvrage d'Austin de Croze initiant les voyageurs de langue anglaise à la cuisine et aux vins de France, il est curieusement question, au chapitre consacré à l'Île-de-France, d'un flan de Crêvecœur.

La seule localité de ce nom, dans cette ancienne province au sens large, étant plus précisément située en territoire briard (Crêvecœur-en-Brie), il semble que cette recette lui revienne de droit.

Définie comme une sorte de « porridge » (pour reprendre la définition à la portée de l'entendement culinaire britannique), elle est très proche des tartes à la frangipane ou à la

26.- Crevecœur-en-Brie (canton de Rozay) – la ferme de Beauregard vers 1920.

bouillie ; nous avons d'ailleurs déjà découvert la parenté entre ces garnitures et le même porridge d'outre-Manche. En voici la recette :

Séparez les jaunes et les blancs de 3 œufs.

Mélangez les jaunes avec 50 grammes de farine, en versant celle-ci en pluie légère.

Incorporez les blancs montés en neige.

Ajoutez un peu de beurre, de sucre en poudre et de muscade râpée ; travaillez très délicatement à la spatule.

Garnissez de cette préparation, qui doit être très onctueuse, un fond de tarte en pâte brisée.

Faites cuire à four modéré pendant 45 minutes.

Gaufes et Torquiaux...

...c'est-à-dire gaufres et tourteaux, faits avec la même pâte, puisque contrairement à ceux du Poitou, ces tourteaux-là sont des crêpes. La différence réside dans la cuisson, pour les torquiaux à l'huile dans la poêle, et pour les gaufes dans un gaufrier graissé au lard. À ce propos, Jules Grenier rapporte dans *La Brie d'Autrefois* les croyances qui s'attachaient à cet instrument un peu magique (comme la plupart des instruments de cuisine), et qui obligeaient à le transporter bien caché sous un tablier lorsqu'on se le prêtait d'une maison à une autre.

C'est le sujet du récit *Le Gaufrier ensorcelé* (en fait bloqué pour avoir été enduit... d'ail), qui décrit l'apprêt de ces pâtisseries rustiques : *« Le soir arrive, une pleine terrine de pâte est préparée, le gaufrier apporté, et, sur un feu clair, se dorent en un clin d'œil les gaufres les plus appétissantes. »*

🕮 Pâte à gaufres et à crêpes :

Il est facile de comprendre que les recettes en la matière varient à l'infini, au gré des traditions locales, des secrets familiaux et des fantaisies individuelles. En voici une fort ancienne, dont les mesures ont toutefois été converties en mesures contemporaines :

> *Dans une terrine, cassez des œufs et délayez-les avec de la farine, à raison de 150 grammes de farine par œuf.*
> *Ajoutez du citron vert haché, de l'eau de fleur d'oranger et du sucre en poudre. Mélangez bien, puis ajoutez de la crème fraîche.*

C'est cette dernière qui assurait le caractère plutôt liquide de la pâte, dans le mesure où les recettes du XVIIIe et même du XIXe siècle mettaient en œuvre une proportion de farine supérieure à celle en usage de nos jours (100 grammes de farine par œuf).

27.- Au « menu de circonstance » : des crêpes, dessin de Henri Gerbault 1907.

Quatre saisons en Brie : des rubées de Pâques aux brioches de la Saint-Vincent

Il est encore des Briards, et point si âgés, qui se souviennent qu'en les printemps du printemps de leur vie les œufs symboliques faisaient inévitablement leur appartition lorsque revenait la Semaine Sainte. Colorés en rouge par une cuisson à l'eau bouillante additionnée de pelure d'oignon, ils étaient souvent nommés roulées, parce que les enfants s'amusaient à leur faire descendre en roulant un plateau incliné, en se réjouissant de leurs télescopages. Mais la dénomination de rubées, qui rappelle leur couleur, semble avoir prévalu en Brie.

28.- Villiers-sur-Marne (canton de Boissy-Saint-Léger, Seine-et-Oise) – le jeu des œufs avant 1909. Ce ne sont pas des enfants – loin de là ! – qui font rouler les œufs sur le plan incliné

Du côté des adultes, le jour de Pâques, on vendait dans les rues de Melun de petits pâtés chauds. C'était, une fois encore, assez modeste chère, mais l'été, après s'être campé en majesté sur la campagne, apportait des nourritures plus consistantes, réclamées par les efforts des robustes moissonneurs, et apprêtées par ceux des accortes cuisinières.

Dans la région de Provins, les repas servis au cours des moissons comportaient obligatoirement soupe au lait et ragoût de mouton aux pommes de terre, ce dernier nommé charigot. Mais dans tout le département de Seine-et-Marne, lorsque le mois d'août apportait sur les champs dépouillés la satisfaction de la besogne achevée et des granges remplies, les grandes cours de fermes carrées, d'où la touffeur se retirait tard après le crépuscule, accueillaient le partage des mets, les santés portées et les chansons en chœur sous le ciel plein d'étoiles.

29.- Le roi de *la chien d'août,* fête de la moisson 1850, dessin de P.-L. Menon.

Avant cette fête, appelée Passée d'août, on avait dressé à l'extérieur de la ferme, près de l'entrée principale, un baliveau orné d'épis provenant de la récolte, de fleurs des champs et de rubans colorés. Ce mai de la moisson portait encore, à son sommet, une large couronne tressée avec les plus gros épis et les plus belles fleurs. On y attachait, vivant, un énorme coq.

Celui-ci, alors que le mai demeurait en place jusqu'à la moisson prochaine, était bien entendu sans tarder redescendu, occis et apprêté pour le festin, qui devait à cette victime son autre nom de Fête de l'Oiseau, ou par abréviation l'Oiseau.

30.- Saint-Germain-Laxis (canton de Melun-nord) – le mai de moisson en 1951.

31.- Rinette de l'*oësiau d'août* 1820, dessin P.-L. Menon.

Mais il semble que l'oison ait été tout aussi largement sacrifié dans ces circonstances, puisque l'expression d'*oison d'août,* peut-être aussi déformation d'*oiseau d'août,* était largement utilisée.

En tout cas, au dessert, apparaissent partout ces tartes à la frangipane, pâtissées à tour de bras au cours de la journée et qui ont déjà été évoquées.

Dans le même temps de l'année, les faubourgs maraîchers des villes se souvenaient que les jardiniers et horticulteurs ont un patron commun avec la Brie en la personne de saint Fiacre. Aussi son souvenir était célébré un peu partout par des banquets.

32.- Nemours – le cortège de la Saint-Fiacre en 1905 (musée de Nemours).

Avec l'automne s'imposaient suivant les lieux les vendanges et d'autres récoltes encore, illustrées cotamment par le proverbe : « *À la Sainte Croix, amasse tes pommes et gaule tes noix* ». Nous verrons que Provins réservait au jour de Toussaint la dégustation des niflettes, petites pâtisseries rondes en pâte feuilletée fourrée de l'inévitable crème frangipane. Mais après la fête du recueillement, celle de l'espérance émerveillait la nuit d'hiver de ses lumières et de ses chants… en n'oubliant pas les allusions aux nourritures terrestres, comme le démontre ce noël briard intitulé : *Un pot de beurre*

« Portons à l'enfant adorable
Un pot de beur' un pot de lait ;
Le beurre doit être admirable
Car il ne vient que d'être fait.
Un pot de beur' un pot de lait.

« Offrons aussi pour notre hommage
Tout rubanné, ce panier d'œufs ;
De Coulommiers, ce beau fromage.
Les œufs marqués sont frais pondeus.
Tout rubanné ce panier d'œufs.

« Je vous donne ce beau pain tendre,
Je vous donne ce bel agneau ;
Et je vous supplie de le prendre
Avec ce petit pigeonneau.
Je vous donne ce bel agneau. »

On ne saurait imaginer un résumé plus représentatif des produits régionaux, dans lesquels le profane symbolise le sacré.

Moins d'un mois plus tard, le 22 janvier, la fête de saint Vincent mêlait un peu partout en Seine-et-Marne les processions paroissiales et la tradition vigneronne qui veut qu' « *à la saint Vincent, le vin est au sarment* ».

33.- Samoreau (canton de Fontainebleau) – le cortège de la Saint-Vincent vers 1908.

Dans *La Croix de Seine-et-Marne* en date du 28 janvier 1928, la célébration de cette fête à Bransles était décrite sans en omettre les conséquences culinaires : « *Une nombreuse et sympathique assistance se pressait à la messe au cours de laquelle furent bénites de jolies et excellentes brioches.* »

De surcroît, tout au long de l'hiver, les réunions se succédaient, sous le prétexte des soirées interminables qu'il était agréable de passer en compagnie nombreuse plutôt que restreinte. Aussi chaque famille recevait-elle à tour de rôle amis et voisins qui, dans la plupart des cas, étaient également des parents plus ou moins éloignés.

Si l'on en croit ce qu'écrivait il y a un peu plus d'un siècle Jules Grenier, les veilleurs étaient plus exactement des veilleuses.

Elles s'installaient autour d'une source de chaleur, qu'il s'agît d'une bûche crépitant dans l'âtre, d'un poële ronflant ou... des bovins de la ferme rassemblés à l'étable.

Quand s'achevait la mauvaise saison, la soirée mettant un terme à ces réunions était l'objet de soins particuliers, puisqu'il s'agissait alors d'un véritable repas d'adieu. Il était appelé réveillon ou accli, et admettait à l'occasion la présence de l'entourage masculin des habituées. L'hôtesse recevait cette fois dans sa vaste cuisine, les visiteuses participant au moyen de pain, de vin, d'œufs, de farine et autres victuailles, parfois de quelques sous, et toujours de savoir-faire, puisque chacune mettait la main à la pâte.

Le plat de résistance était traditionnellement un hachis de viande aux pommes de terre (qui devait ressembler au bien connu hachis parmentier), suivi de manière tout aussi immuablement obligée par des gaufres, crêpes et beignets.

On arrivait en effet dans le temps de la Chandeleur, du Mardi gras et des Brandons, qui agrémentait l'hiver s'attardant par deux plaisants cortèges, celui des masques et celui des gaufres et torquiaux, déjà rencontrés. L'un et l'autre faisaient patienter petits et grands dans l'attente du printemps.

34.- Coulommiers – la promenade des bœufs gras, le Mardi gras 24 février 1903.

Charigot :

Faites chauffer à feu vif dans une cocotte en fonte 3 cuillerées à soupe d'huile de noix.
Coupez en morceaux 150 grammes de lard et un gros oignon et mettez-les à revenir dans la cocotte.
Quand ils sont bien dorés, ajoutez la viande de mouton (200 grammes de haut de côtelettes coupé en morceaux).
Poudrez de farine, puis mouillez d'eau chaude jusqu'à faire baigner toute la viande.
Portez à ébullition et ajoutez 1,5 kilogramme de pommes de terre crues coupées en morceaux.
Mettez un bouquet garni, salez et poivrez.
Réduisez le feu, couvrez et laissez mijoter pendant 50 minutes.

Ragoût d'oie aux navets de Meaux :

La façon d'apprêter l'oison d'août semble tombée dans l'oubli, mais il est probable qu'il s'agissait également d'un ragoût. Pour la présenter ici, une recette traditionnelle, comportant des navets, peut trouver ici sa place, d'autant plus qu'elle nécessite une jeune oie, tendre et pas trop grasse, donc proche de l'oison, et à plus forte raison si les navets utilisés appartiennent à l'espèce dite de Meaux.
Flambez l'oie, videz-la et coupez-la en morceaux.
Assaisonnez ceux-ci avec sel et poivre.
Mettez dans une cocotte sur feu vif de la graisse d'oie et faites y revenir les morceaux, puis retirez-les.
Mettez ensuite revenir dans la même cocotte des oignons et des carottes coupés en dés.
Remettez les morceaux d'oies, poudrez-les d'un peu de farine et mettez à four chaud pour faire caraméliser un peu.
Retirez du four et déglacez avec un verre de vin blanc puis un verre de bouillon de veau.
Ajoutez des tomates écrasées et une gousse d'ail hâchée. Rectifiez l'assaisonnement.
Remettez au four et faites cuire pendant 45 minutes.
Pendant ce temps de cuisson, épluchez 350 grammes de navets et faites-les pocher sans les laisser ramolir. Après égouttage, mettez-les dans une cocotte où vous aurez préparé un fond de caramel, et faites-les s'imbiber de celui-ci.
Mettez-les ensuite au four pendant 10 minutes.
Après avoir retiré du four, à l'issue de leurs temps respectifs de cuisson, les morceaux d'oie et les navets, disposez les uns et les autres dans un plat, les seconds sur les premiers.
Recueillez le jus de cuisson des morceaux d'oie et servez-le dans une saucière.

Soupe aux orties et civet de corbeaux

N'en déplaise à certains, la réputation des Briards ne se réfère pas qu'à des qualités, et les Parisiens qui les fréquentent en voisins et en villégiateurs, comme aussi les natifs d'autres régions transplantés en Seine-et-Marne, ne se privent pas de souligner leur âpreté, voire même leur rapacité.

Ces traits ne sont pas sans rappeler ceux que l'on prête volontiers aux habitants de l'Auvergne, que l'Histoire s'est complue à relier à la Brie par des liens répétés. L'habitude bien connue dans l'une et l'autre de ces anciennes provinces d'utiliser en cuisine les corbeaux, corneilles et freux vient renforcer ces points communs, mais entre ces deux terroirs à la géographie et à l'évolution si différente, on peut au moins trouver à l'Auvergne l'excuse de la pauvreté.

Toutefois, si l'on voulait en chercher une à tout prix à la Brie, ce serait celle de la gourmandise, ce qui aurait le mérite, pour le moins paradoxal, d'enlever toute raison d'être au motif sous-jacent du reproche, la répugnance.

Les vieux chasseurs d'autrefois, en effet, avaient soin de tirer, avant la fin de chaque partie de chasse, quelque jeune corbeau dont ils affirmaient qu'il permettrait de confectionner une meilleure soupe, quitte à n'utiliser que lui lorsqu'ils rentraient bredouilles d'un plus noble gibier.

Nous en verrons deux exemples selon Roger Vaultier, auteur de *Chasseurs et gourmets, ou l'art d'accomoder le gibier*, après toutefois avoir soulevé le couvercle de la marmite contenant la soupe aux orties, qui peut provoquer au premier abord la même répulsion.

Celle-ci serait également l'effet d'un préjugé, à en croire les affirmations des amateurs et les souvenirs de ceux qui, au cours des années d'occupation, pallièrent la pénurie alimentaire par l'imagination et... le retour aux moyens souvent rudimentaires des grands

35.- Chasseurs – image-prime Liebig vers 1900.

anciens. Il paraît ainsi que les orties, toutes variétés confondues, produisent un délicieux potage, à condition de n'en utiliser que la partie supérieure, c'est-à-dire les plus jeunes feuilles, et de préférence au printemps. Le goût et les propriétés nutritives de l'ortie seraient comparables à ceux de l'épinard, mais avec une plus grande richesse en fer.

S'inspirant de la tradition briarde, une Confrérie de la Tourte briarde, créée en 1984, avait publié cette recette de pâtisserie salée à base d'orties, qui est également passée dans l'histoire gastronomique de Seine-et-Marne, et qui suivra celle de la soupe aux orties.

& Soupe aux orties :

Faites revenir dans une sauteuse des oignons hachés.
Ajoutez des orties, de l'oseille et des épinards, tous hachés et maniés avec du beurre.
Laissez cuire pendant dix minutes.
Ajoutez de l'eau, assaisonnez et portez à ébullition.
Passez au tamis et liez avec de la crème fraîche.

& Tourte briarde :

Faites revenir dans une poêle 250 g de lard, 150 g de champignons, un oignon, de l'ail. Poivrez.
Pendant ce temps, préparez une béchamelle en faisant fondre trois cuillerées de beurre, puis en ajoutant trois cuillerées de farine et enfin trois verres de lait froid jusqu'à épaississement.
Assaisonnez 150 g d'orties, ajoutez une bonne cuillerée de moutarde.
Mélangez toutes ces préparations dans un saladier puis versez-y 1/8 de litre de vin blanc.
Étalez 300 g de pâte feuilletée dans une tôle à tarte. Versez-y la préparation puis recouvrez d'une couche de pâte feuilletée.
Enduisez avec deux jaunes d'œufs afin de dorer la tourte.
Faites cuire à four chaud.

36.- Une cuisine au XVIe siècle.

Freux rôti :

« Depuis quelques siècles, pour tous les Briards de la Brie, un jeune corbeau, un freux, emplumé de ses premières plumes, a une saveur excellente, rôti, bardé de lard. Tandis que si vous avez affaire à un oiseau pas même vieux, mais d'un an, pour le préparer en pâté, en salmis ou en daube, il faut en rejeter plus de la moitié à moins que vous ne vouliez en faire un « pot-au-feu ».

Ragoût ou civet de corbeaux :

« Découpez vos estomacs, laissez-les trois ou quatre heures à l'eau courante ; d'autre part, coupez deux oignons grossièrement, une carotte, deux gousses d'ail écrasées, un morceau de céleri, faites leur prendre couleur dans une poële avec bonne huile ; lorsque ces légumes sont blonds, ajoutez un bouquet garni (thym, laurier, queue de persil), deux clous de girofle, sel, poivre, deux verres et demi de vin rouge ordinaire, 1/2 verre de vinaigre de vin, laissez réduire de moitié, laissez ensuite refroidir dans une terrine ; mettez alors les morceaux égouttés dans cette marinade pendant 48 heures ; après ce laps de temps, sortez-les, mettez-les dans une casserole avec huile et beurre bien chaud, faites bien revenir, ajoutez une pincée de farine, laissez-la colorer, verser alors la marinade que vous avez mise de côté, encore un verre de vin blanc sec, et bouillon en quantité suffisante pour que cela cuise à couvert ; laissez cuire deux heures lentement, hermétiquement fermé ; sitôt cuit, dressez les morceaux sur plat, passez la sauce, rectifiez l'assaisonnement, réduisez-la à point, versez dessus ail et persil hachés en servant très chaud. »

Il s'agit, vous l'avez compris, d'estomacs de corbeaux, moyennant quoi je souhaite aux vôtres bon appétit, en demandant en parler briard aux plus « chafrigneux » d'entre nous de ne pas considérer ces recettes comme des « mort-à-cœur ».

Voyage gourmand par eau et par terre

Croisière en Seine-et-Marne

Croisière, ou plutôt croisières au pluriel, car nous emprunterons des cours d'eau qui ne sont pas reliés entre eux, en tout cas pas sur le territoire du département ; et si nous pourrons descendre le Morin et la Marne, puis remonter la Seine et le Loing, ce sera en ayant entre-temps reposé pied sur la terre ferme ; cela ne retardera pas pour autant notre propos.

Croisière en eau douce, évidemment, avec aux heures des repas recours à ses réserves fraîches et frétillantes, en ce pays où les pêcheurs se font cuisiniers. Les anguilles, carpes, chevesnes, perches, tanches, brêmes et goujons nous accompagneront. Ces poissons se retrouvent le plus souvent dans les habitudes culinaires paysannes des provinces de France, du moins de celles de l'intérieur, et à condition qu'elles soient comme la Brie abondamment pourvue de fleuves, de rivières et d'étangs.

37.- La Chapelle-sur-Crécy (canton de Crécy-en-Brie) – le moulin avant 1906. Il s'agit du moulin de La Chapelle, construit sur la rive droite du Grand Morin et qui existait déjà au XIVe siècle.

📖 Matelote du vieux moulin :

C'est la recette le plus souvent citée à propos du Morin, sans que l'on sache exactement auquel, du Grand ou du Petit, ni à quel vieux moulin elle se rattache.

Hachez 200 grammes d'oignons, mettez-les dans une sauteuse et faites-les étuver au beurre. Après cuisson complète, ajoutez, découpés en morceaux, une anguille, 3 chevesnes et 2 perches (ou tanches).

Mouillez avec une bouteille de vin rouge. Ajoutez quelques morceaux de champignons, un bouquet garni, sel et poivre.

Portez vivement à ébullition, arrosez de 4 cuillerées de cognac, retirez du feu et faites flamber.
Après extinction naturelle du flambage, remettez sur le feu, et faites à nouveau bouillir, cette fois pendant 1/4 d'heure.
Les morceaux de poissons étant cuits, retirez-les et mettez-les dans une autre sauteuse, avec une douzaine de petits champignons.
Récupérez le jus de cuisson et passez-le au tamis, puis remettez-le dans la première sauteuse et faites réduire. Ajoutez 50 grammes de beurre manié (2/3 beurre et 1/3 farine) en remuant.
Portez brièvement à ébullition et versez dans la seconde sauteuse, sur les poissons ; faites chauffer sans laisser bouillir. Rectifiez l'assaisonnement.
Retirez du feu et ajoutez du beurre de noisettes (6 grosses noisettes torréfiées et pilées pour 40 grammes de beurre).
Servez dans un grand plat creux, avec une garniture d'écrevisses cuites au court bouillon, de goujons frits et de croûtons de pain dorés au four.

38.- Le pêcheur de Vaires-sur-Marne – affiche publicitaire pour lotissement, vers 1909.

🕮 Carpe de la Marne à la briarde :

De la campagne briarde à Curnonsky, l'écart peut paraître vertigineux, mais il ne l'est pas si l'on se rappelle que le grand gastronome de l'entre-deux-guerres s'intéressait à toutes les cuisines, jusqu'aux plus rustiques ; il en avait d'ailleurs établi une classification fort amusante, en fonction de la gamme des sensibilités politiques françaises. Surtout, il était un habitué des verdoyantes villégiatures seine-et-marnaises.

Donc, c'est par Maurice-Edmond Sailland, dit Curnonsky, que nous est parvenue une façon savoureusement paysanne d'apprêter la carpe, lorsqu'elle a été pêchée entre La Ferté-sous-Jouarre et Lagny :

« Arranger une carpe bien vivante, la vider, la farcir avec un bon godiveau monté à la crème. Préparer un court-bouillon avec un bon vin blanc et bien assaisonner.

« Mettre cuire la carpe dans le court-bouillon.

« Hacher finement quelques échalotes, quelques gousses d'ail, du thym, du laurier, du persil.

« Mettre ce hachis réduire dans une casserole avec quelques cuillerées de très bon vinaigre. Une fois bien réduit monter au beurre bien frais quelques cuillerées de crème ; lier avec quelques jaunes d'œufs.

« Sortir la carpe du court-bouillon, la mettre sur un plat ; bien l'égoutter et l'arroser avec le contenu de la casserole ; persil haché et servir bien chaud. »

☞ Godiveau : *farce. Lorsqu'elle est destinée au poisson elle se prépare à base de chair de brochet et de graisse, qui doivent être pilées à froid.*

39.- Le pêcheur de Lagny-sur-Marne – carte postale d'avant 1906.

40.- Jouarre (canton de La Ferté-sous-Jouarre) – pêche de l'étang de Perreuse avant 1914 : la foule attendant le premier coup d'épuisette.

L'anguille de Melun :

C'est sans doute par elle qu'il aurait fallu commencer ce parcours alieutique et culinaire, non point tant parce que Melun est chef-lieu, ni parce que la chair de l'anguille, ancien mets royal, est particulièrement fine. Mais parce que cette anguille correspond à l'une des plus anciennes traditions melunaises, au demeurant fort comique. Il s'agit en effet d'une allusion à un personnage nommé Languille, escholier du Moyen Âge, et dans la veine de François Villon ou de Buridan, puisqu'il était l'amant de la femme d'un passementier de la ville. Or, le mari trompé était partenaire de l'escholier dans l'un de ces mystères comme on en représentait à l'époque médiévale. Le premier y figurait le bourreau faisant subir le martyre à saint Barthélemy, incarné par le second.

Le jour du spectacle, notre escholier, dûment ligoté à un poteau, et encore plus couard que paillard, s'alarma d'une lueur peu amène qu'il surprit dans le regard du passementier au moment où celui-ci, conformément à son rôle, s'approchait de lui, couteau en main.

41.- Cannes-Écluse (canton de Montereau-fault-Yonne) – brochet de 31 livres capturé le 30 janvier 1927.

Languille ne put surmonter son épouvante et, tout en poussant des hurlements, entreprit de se débattre dans ses liens, tant et si bien qu'il s'en dégagea, avant de s'enfuir à toutes jambes sous les huées et les quolibets du public.

C'est l'origine de l'adage : *« être comme l'anguille de Melun, qui crie avant qu'on l'écorche. »* auquel Rabelais a fait allusion dans *Gargantua*. Et Curnonsky, qui avait recueilli l'anecdote, la concluait en précisant : *« ...ce proverbe se répandit d'autant mieux que pendant longtemps les pâtés d'anguilles furent une des gloires de Melun. »*

La recette de ces pâtés fameux nous est connue par le *Viandier* de Taillevent. Celui-ci avait commencé sa carrière comme enfant de cuisine chez Jeanne d'Évreux. Le fait n'est pas dépourvu d'intérêt si l'on se souvient que cette princesse détenait le fief de Brie-Comte-Robert, proche de Melun.

Devenu maître queux du roi Charles V, il préparait le *« pasté d'anguille »* avec *« safran, pouldre fine et vert jus en la façon, et des grosselles »*.

Voici une recette beaucoup moins ancienne, donc plus facile à réaliser ; elle est tirée de *l'Art du Bien Manger* :

Anguille en pâté :

« Dépouillez une anguille ; coupez-la en tronçons que vous mettez dans une casserolle avec du sel, poivre, muscade et un bouquet garni ; passez-la au beurre ; mouillez avec du vin de Champagne ; ajoutez-y un maniveau de champignons. Votre anguille cuite, égouttez-la ; dressez-la sur un plat avec des croûtons de pain frits et mettez-la dans un vol-au-vent ou dans une croûte de pâté chaud. Faites réduire la sauce après l'avoir dégraissée et lorsqu'elle

est liée avec trois jaunes d'œufs, et un morceau de beurre frais, passez-la à l'étamine ; servez-la dans la croûte ou le pâté. Servez chaud. »

Il existe d'autre part une recette d'anguille à la melunaise, sans doute inspirée par l'anecdote de l'escholier Languille.

En tout cas, les rapprochements incessants entre ce poisson et le chef-lieu de Seine-et-Marne ne manquent pas de sel lorsque l'on sait qu'une ancienne croyance de la région imputait à la consommation de chair d'anguille des troubles de la parole.

🕮 Anguille à la melunaise :

L'anguille est marinée, roulée et braisée, puis couverte de tranches de concombre ; elle est servie avec, à part, une sauce Robert.

☞ Sauce Robert : *bien connue, elle nous ramène assez curieusement à Taillevent, dont le Viandier en comporte la première codification sous le nom de « taillemaslée » ; c'est une réduction d'oignon haché, blondi et fariné, de vin blanc et, facultativement, de vinaigre, dans laquelle on délaye de la moutarde blanche ; elle doit toutefois son nom, ou plutôt son prénom, à un cuisinier du* XVI*e siècle, Robert Vinot.*

🕮 Brêmes à la mode du Loing :

La vallée du Loing est au sud-Seine-et-Marne ce que celle du Morin est au nord : une campagne inspirée, chérie par les peintres et... les propriétaires de résidences secondaires. De son passé essentiellement rural, elle conserve cette recette également évocatrice de dimanches et de vacances au bord de l'eau pour citadins ivres de plein air :

Préparez une marinade à poisson (citron, huile, thym, laurier, persil, sel et poivre) et laissez-y pendant 1 à 2 heures des brêmes que vous avez vidées, écaillées, lavées et essuyées.
Mettez ensuite les brêmes marinées sur le grill et, sans cesser de les surveiller, préparez la sauce avec des échalotes hachées et du vin blanc (1/2 verre pour 2 brêmes) réduit dans une casserole sur feu vif ; ajoutez de la moutarde et du beurre fondu, du jaune d'œuf dur écrasé (1 pour 2 brêmes), du persil haché, sel et poivre.
Disposez les brêmes grillées sur un plat chaud et nappez-les avec la sauce.

42.- Moret-sur-Loing – concours de pêche du 10 juillet 1910.

Des lapins de la Brie boisée…

La Brie boisée mérite bien son nom, et les lapins continueront de s'y multiplier aussi longtemps qu'elle le méritera. Cette prolifération fort ancienne n'est pas étrangère au nombre de recettes briardes adaptées aux lapins et lapereaux, qu'ils soient de chou, de garenne ou… de clapier. En voici quatre exemples : le civet de lapereau à la briarde, le lapin à la briarde, les timbales de lapereaux de Mme Tructin et le pâté de lapin :

43.- Les chasseurs, gravure extraite de l'*Almanach du Journal de la Femme*, 1940.

Civet de lapereau à la briarde :

Préparez une marinade avec 6 verres de vin rouge et 2 verres de vin blanc, des oignons et échalotes entiers et une carotte en tranches.

Mettez le lapereau mariner pendant 2 heures. Retirez-le ensuite et dépecez-le en recueillant le sang, égouttez et essuyez les morceaux.

Passez la marinade et réservez-la.

Dans une cocotte, faites rissoler au beurre 150 grammes de lard maigre non salé, coupé en petits dés ; lorsque ces lardons sont desséchés, enlevez-les.

Mettez alors dans la cocotte les morceaux de lapereau et remuez-les fréquemment pour qu'ils dorent sur toutes leurs faces.

Arrosez de cognac, faites flamber, et après extinction naturelle du flambage, poudrez de farine.

Laissez prendre couleur, remuez et mouillez avec la marinade, dans laquelle les morceaux de lapereau devront baigner presque complètement. Faites bouillir pendant une minute.

Ajoutez une douzaine de petits oignons et 6 échalotes, les uns et les autres entiers et épluchés, un bouquet garni (thym, persil, sauge, serpolet, marjolaine). Salez et poivrez légèrement.

Couvrez la cocotte et laissez mijoter pendant au moins une heure… Retirez un peu de sauce chaude pour la mettre dans un bol, ajoutez-y le sang du lapereau que vous avez réservé au moment du dépeçage ; battez bien ce mélange, puis versez-le dans le civet.

Laissez cuire encore 5 minutes.

Lapin à la briarde :

C'est une recette citée par Benjamin Renaudet, fidèlement transcrite en tenant compte des étapes définies précisément par ce spécialiste de l'accommodage du lapin :

« 1 – Videz et troussez un lapin… On peut à volonté le faire mariner avant cuisson ou le faire cuire tel quel.

« 2 – Piquez la bête de lardons moyens sur toute sa surface.

« 3 – Prenez une cocotte de fonte à couvercle (ou une casserole pouvant entrer avec sa queue dans le four du fourneau) ; foncez-la avec quelques bardes de lard et la couenne de celui qui vous aura servi pour piquer.

« 4 – Mettez votre lapin sur ces bardes et entourez-le de huit petites tranches de jambon cru, carottes coupées en rouelles, un oignon piqué de trois clous de girofle, un bouquet garni, sel, poivre, une pincée d'épice.

« 5 – Mouillez le tout avec deux cuillerées à pot de bouillon et deux décilitres d'eau-de-vie.
« 6 – Couvrez la cocotte ou la casserole de son couvercle et faites partir sur un feu vif pendant cinq minutes.
« 7 – Mettez alors le récipient dans le four du fourneau pour achever la cuisson du lapin, mais en ayant soin de l'arroser de temps en temps, afin que le lard se glace et que le lapin soit de belle couleur.
« 8 – Comptez pour la cuisson au four une heure et quart pour un gros lapin, 50 minutes pour un trois-quart et une demi-heure pour un lapereau.
« 9 – Quand il est cuit versez le jus de la cuisson à travers une passoire fine dans une petite casserole, dégraissez-le et faites-le réduire en demi-glace.
« 10 – Pendant ce temps, dressez sur un plat chaud le lapin entouré des tranches de jambon et tenez le plat à l'entrée du four ouvert.
« 11 – La sauce étant à point, couvrez-en le lapin et le jambon et servez.
« (On peut également servir cette sauce à part dans une saucière). »

44.- Chanteloup (canton de Lagny-sur-Marne) – la maison Bellard vers 1913. Est-ce là que Mme Tructin achetait son épicerie ?

🕮 Timbale de lapereaux de MME Tructin :

Mme Tructin était fermière dans un domaine de Chanteloup appartenant à la famille Cartier-Bresson. Au début du siècle, Benjamin Renaudet savoura chez elle ces timbales de lapereaux dont elle lui communiqua la recette. Il publia celle-ci sans dévoiler le nom complet de la créatrice, peut-être pour lui éviter les visites intempestives d'admirateurs intéressés :

« 1 – Coupez le lapin en morceaux (sans mettre la tête) et faites-les mariner pendant deux heures.
« 2 – Faites revenir ces morceaux avec du beurre et une pincée de farine.
« 3 – Mouillez-les ensuite avec un demi-litre de bouillon ou d'eau ; ajoutez 60 grammes de lard coupé en dés et un bouquet garni ; laissez cuire.
« 4 – Pendant ce temps, mettez dans une petite marmite un chou de Milan ou chou frisé avec 300 grammes de petit salé coupé en lames. Emplissez d'eau et à moitié cuisson ajoutez des carottes coupées en rondelles et un peu de sel.
« 5 – Quand tout est cuit, beurrez un moule à charlotte ou, à défaut, une casserole ; garnissez-en le fond et le tour avec du papier beurré des deux côtés.

« 6 – Placez les carottes au fond du moule et rangez les bandes de petit salé perpendiculairement autour des bords.
« 7 – Égouttez les choux ; placez-en un lit sur les carottes et dressez-en une couche autour de la casserole dans les intervalles du petit salé.
« 8 – Placez les morceaux de lapin au milieu du moule et bourrez le tour de choux en les recouvrant du reste.
« 9 – Faites cuire environ une heure au bain-marie.
« 10 – Au bout de ce temps foncez un plat avec une serviette pliée en quatre et posez ce plat ainsi foncé sur le moule ou sur la casserole.
« 11 – Tournez sens dessus dessous et laissez égoutter le liquide pendant deux minutes.
« 12 – Retournez le tout dans la position première.
« 13 – Remplacez le plat foncé d'une serviette par le plat à servir et retournez de nouveau le moule. Après avoir démoulé la préparation, enlevez le papier du fond et du tour.
« 14 – Faites réduire et liez avec un peu de fécule, le fond de la cuisson des morceaux de lapin en le teintant de trois ou quatre gouttes de caramel.
« 15 – Saucez-en à travers une passoire fine le dessus de la timbale et servez le reste dans une saucière. »

45.- Samois-sur-Seine (canton de Fontainebleau) – élevage du moulin de la Madeleine : lapin polonais avant 1908.

🕮 Pâté de lapin :

Dans *La Croix de Seine-et-Marne* du samedi 18 février 1928, la chronique intitulée « Pour la cuisine » était consacrée à un pâté de lapin d'inspiration campagnarde. La voici intégralement retranscrite, ce qui permet de se rendre compte des préoccupations et des procédés des ménagères avant l'invention et la vulgarisation du réfrigérateur, il n'y a pas si longtemps :

« Voici une formule très simple et peu coûteuse pour transformer en un délicieux pâté le gros lapin nourri avec les restes de la table et de la cuisine, et qui, par conséquent, n'a pas coûté bien cher.
« Le lapin étant dépouillé et vidé, il faut avoir la patience de le désosser soigneusement, laissant le moins de chair possible sur les os.
« Pesez le lapin ainsi préparé, et mélangez-le avec le double de son poids de porc gras. Hachez le tout très menu, pour qu'il n'existe plus aucun morceau de viande.
« Dans un bol, mélangez deux cuillerées de farine avec un œuf entier, une bonne quantité de sel et de poivre, muscade, ail à volonté, et ajoutez ce mélange au pâté.
« Préparez une terrine en terre, munie d'un couvercle ; dressez dans le fond et sur les côtés de minces bardes de lard ; recouvrez celles-ci d'une couche de pâté, puis d'une bande de lard, puis du pâté, jusqu'à ce que la terrine soit bien remplie, en ayant soin de tasser fortement ; recouvrez le tout de bonnes couches de lard gras, quelques feuilles de laurier élégamment disposées.
« Fermez maintenant le couvercle que vous borderez d'une bande de pâte (farine délayée dans un peu d'eau), afin que le fumet du pâté ne s'évapore pas.
« Mettre ensuite la terrine au four doux, pendant quatre heures environ.
« Pour être plus sûr encore de la conservation de ce pâté – qui peut rester près d'un mois dans le garde-manger – un peu avant la fin de la cuisson, on changera la pâte qui colle le couvercle, car, en cuisant, cette pâte se sera soulevée et laissera pénétrer l'air dans la terrine.
« La bonne conservation de ce pâté dépend donc de la fermeture hermétique du couvercle et de l'épaisseur de la couche de graisse supérieure.
« Naturellement, si vous avez l'intention de manger ce pâté au bout de deux ou trois jours, il serait inutile de remettre une seconde fois la couche de pâte. »

...Aux veaux de la Brie laitière

Pays de production laitière, la Brie se trouvait prédisposée à l'élevage des veaux, et ceux-ci étaient autrefois entièrement élevés au pis. C'était un point commun avec leurs congénères du Limousin, les uns et les autres se distinguant ainsi de ceux de Normandie et de Pontoise, dont l'alimentation était complétée respectivement par des œufs et des biscuits.

Mais voilà qui donne irrésistiblement à penser à l'expression « Veaux de Brie », citée au XVIe siècle par Charles le Bon dans ses *Adages françois.*

L'origine en est inconnue, et des érudits se sont depuis penchés sur elle en avançant de simples hypothèses, comme celle relative au labourage, certaines marques laissées par la charrue étant surnommées « veaux » dans le parler du pays.

Quoiqu'il en soit, la viande de veau reste en cuisine associée avec la Brie dans la recette de la noix de veau à la briarde :

Noix de veau à la briarde :

La noix de veau est piquée de lardons et braisée.
Elle est servie avec une garniture consistant dans des têtes de laitues braisées et farcies et des timbales remplies de carottes accomodées avec de la crème et une partie du fond de braisage de la viande.
Le reste de ce fond de cuisson est servi à part dans une saucière.

46.- Thorigny (canton de Lagny-sur-Marne) – la boucherie du Pont de Fer avant 1907.

Un parfum de gâteau et de roses

La campagne qui environne Provins est de ces petites contrées comme chaque département en compte au moins une, ni résumé ni quintessence des vieilles provinces, mais cœur de ce qui en reste. Cœur en l'occurence excentré, si l'on s'en rapporte à la seule géographie, mais irrigué dans l'Histoire par les grands chemins de Paris à la Bourgogne, de la Champagne au Val de Loire : passages de pélerins et de trouvères, de princes et de marchands.

47.- *Sur une façade à Provins,* pastel de Thierry Gaudry, 1991.

Le flux et le reflux de ces vies spirituelles, seigneuriales et corporatives ont laissé leur empreinte jusque dans le paysage. Il suffit d'avoir suivi, un après-midi d'arrière-saison, les petites routes qui relient Donnemarie-Dontilly, Bray-sur-Seine et Villiers-Saint-Georges pour se convaincre que cette terre est avant tout latine, par l'équilibre de ses espaces cultivés, le cirque de collines bleues qui ferme son horizon, et les campaniles romans de ses églises.

On se laissera séduire par tant de douceur, sans réfléchir au destin des peuples, ni même au pouls d'une nation en devenir que fut Provins aux XIIe et XIIIe siècles. Et dans cette paisible satisfaction des sens, pour peu que l'on finisse la soirée par une flânerie dans les rues qui avoisinent Saint-Ayoul, on respirera à travers des effluves de roses le fumet d'un gâteau à déguster près d'un feu de bois, à l'heure où dehors la nuit tombe avec déjà un peu plus de surprise et de fraîcheur.

Parce qu'approche alors le temps des niflettes, ces pâtisseries de la Toussaint, on en fera la principale attraction de ce goûter prolongé, agrémenté de la confiture de roses dont Provins s'est depuis longtemps fait une spécialité.

C'est là possession légitime pour la seule ville de France qui ait donné son nom à une variété de rosier, celle que les botanistes nomment *rosa gallica*, et dont les fleurs ouvrent deux par deux leurs calices, rouges comme la pourpre et doux comme la soie, lointain héritage de l'Orient des Croisades.

Mais les plaisirs des yeux et de l'odorat seraient-ils insuffisants pour que la cité du comte Thibaut ait imaginé, en plus des confitures, une pâte de rose, des bonbons feuilletés à la rose, des pétales de roses cristallisés et des confits de pétales de roses, autres souvenirs des jardins du Levant ?

Elle en a fait présent à ses plus illustres visiteurs, depuis que Philippe de Marigny, archevêque de Sens, reçut en 1330 la première confiture de roses connue.

48.- Jeanne d'Arc, miniature ornant un manuscrit du XVe siècle (bibliothèque de Grenoble).

49.- Catherine de Médicis (1519-1589) épouse du roi Henri II, mère des rois François II, Charles IX et Henri III.

L'hommage en fut renouvelée en 1429 en l'honneur de Charles VII et de Jeanne d'Arc, puis, cent ans plus tard, de François Ier, que suivirent à tour de rôle Henri II et Catherine de Médicis.

En 1592, Henri IV, après avoir pris la place forte locale, en reçut tribut, ce qui aurait pu être une raison en soi de l'avoir assiégée. Et dans des circonstances moins mouvementées, Louis XIV dut s'en délecter d'autant plus qu'il était alors encore un tout jeune garçon.

Cette tradition, maintenue ensuite avec les passages de Charles X et du général de Gaulle, a permis à la maison G. Pelé, continuatrice de la recette d'origine de surnommer ces confits de roses de Provins la confiture des rois.

Niflettes :

Leur nom viendrait du latin *ne flete* (ne pleurez pas), par allusion à la consolation qu'elles auraient constituée, le jour de Toussaint, pour les orphelins à qui on les offrait devant la tombe de leurs parents. Cette étymologie peut laisser perplexe car dans l'ancienne France, la Toussaint n'était pas jour de deuil, la confusion étant venue plus tard avec le jour des Morts, le lendemain. Aussi, on pourrait également bien pencher pour un dérivé de l'ancien verbe nifler, évocateur de narines humant avec gourmandise quelque appétissante cuisson.

Les petits pâtissiers qui les portaient autrefois à travers la ville dans des corbeilles d'osier, annonçaient les niflettes par une chanson qui se terminait ainsi :

« Elles sont toutes chaudes
Et toutes bouillantes
Ça brûle la gueule aux grands gourmands
Et ça gèle les dents des paysans ! »

Donc, pour pouvoir renifler le parfum des niflettes, préparez une frangipane et garnissez-en de petites croûtes rondes en pâte feuilletée. Vous pouvez aromatiser avec de l'eau de fleur d'oranger.
Faites cuire à four chaud.

Confiture de roses :

Plongez 500 grammes de pétales de roses, pointe coupée, dans 2 litres d'eau bouillante. Laissez infusez pendant 3 minutes puis égouttez.
Préparez un sirop en mettant dans une sauteuse 4 verres d'eau, 2 kilogrammes de sucre en poudre et le jus de 2 citrons. Portez ensuite sur feu vif.
Versez les pétales de roses et portez à ébullition pendant 20 minutes en remuant. Retirez du feu et laissez macérer pendant une nuit.
Le lendemain, remettez à cuire pendant quelques minutes jusqu'à ce que les pétales deviennent transparents. Mettez en pots, laissez refroidir et couvrez.

50.- Provins, vue d'ensemble de la ville haute vers 1907

2

Les secrets des fourneaux

51.- Cette accorte cuisinière va-t-elle nous dévoiler les secrets de ses fourneaux ? Dessin de J. Roy, vers 1913.

Aux portes du Gâtinais : Nemours

De nombreuses recettes portent le nom de Nemours. Toutefois elles ne trouvent pas toutes leur place dans ce propos, ne faisant pas directement référence à cette ville seine-et-marnaise, mais au duc de Nemours, fils du roi Louis-Philippe : la garniture à la Nemours (et ses dérivés tels que la longe de veau à la Nemours), le potage Nemours et la sole Nemours.

Il en va différemment pour le gâteau de Nemours, réalisation de ce pays à la tradition culinaire extrêmement raffinée, diffusée en 1873 par Jules Gouffé dans son *Livre de pâtisserie*.

📖 Potage Nemours :

Préparez une purée de pommes de terre ; mouillez-la au consommé ; liez avec du jaune d'œuf et de la crème, ajoutez du tapioca et éventuellement des champignons.

📖 Gâteau de Nemours :

« Coupez avec un coupe-pâte godronné, large de 7 centimètres, des abaisses de feuilletage de gâteau de roi à 6 tours.
« Foncez avec les abaisses des moules à tartelettes.
« Faites une pâte à choux avec 10 grammes de beurre,
« 2 décilitres d'eau,
« une prise de sel
« 60 grammes de sucre en poudre,
« et 125 grammes de farine.
« Terminez comme la pâte à ramequin.
« Mouillez avec 3 œufs.
« Couchez dans chaque abaisse gros comme un œuf de pâte à choux.
« Dorez ; faites cuire et glacez avec de la glace de sucre et à la flamme.
« Servez chaud. »

52.- Nemours, place de la République vers 1935.

Melun, de maîtres queux royaux en cordons-bleus locaux

L'histoire gastronomique de Melun est si riche que les promenades entreprises au fil des pages précédentes ont déjà conduit à en dévoiler une bonne partie. Il suffira de se reporter à notre croisière sur eau douce pour retrouver l'anguille de Melun, et ses dérivés en croûte, sous la plume du grand Taillevent.

Ce qu'il convient de souligner ici, c'est que ce personnage fut mentionné dans une ordonnance donnée à Melun, le 23 novembre 1360, comme queux de Monseigneur Charles, dauphin de Viennois, c'est-à-dire du futur Charles V. Il était précisé que cet officier de bouche disposerait de « *foin et avoine pour deux chevaux, chandelle et vin de couchier* ».

Il est probable que l'héritier du trône, devenu le sage et savant monarque du redressement français au XIVe siècle, ait donné à son cuisinier l'ordre de codifier ses recettes, comme il avait enjoint le berger Jehan de Brie de rédiger un traité sur l'élevage des moutons.

Ses contemporains, peut-être en réaction après les grandes famines du début du même siècle, se montraient gros mangeurs.

Il en existe un exemple local à travers la consignation faite, dans les comptes de l'hôtel-Dieu de Chartrettes, du dîner offert par cette institution le jour de la Saint-Martin 1389 au chevalier Guichard de Chartrettes et à sa compagnie :

53.- Charles V, roi de France (1337-1380).

54.- Melun, le château royal dans l'île Saint-Étienne, reconstitution d'Eugène Gresy.

« Premièrement : pour grosse chère, buef et véèl, quatre sous, cy	*IV sous*
Item, pour poulaille : ung chappon et deux poussins, quatre sous, cy	*IV sous*
Item, pour une tourte avec fruit, cinq sous, cy	*V sous »*

La tradition gastronomique du chef-lieu de Seine-et-Marne se poursuivit dans des circonstances tout aussi prestigieuses avec le château de Vaux-le-Vicomte, dont le bâtisseur, Nicolas Fouquet, qui porta le titre de vicomte de Melun, employa le fameux Vatel.

Au siècle suivant, la ville de Melun célèbra, le 29 septembre 1754, la naissance d'un petit-fils de Louis XV, le duc de Berry, qui n'était autre que le futur Louis XVI. Pour l'occasion, les habitants régalèrent le maire et les échevins, et cette fois encore, le coût du festin avait été mentionné :

« Une fricassée de trois poules, bien garnie	*5 livres*
Un gigot à la chicorée	*3 livres*
Deux poulardes grasses piquées	*4 livres*
Une accolade de levrauts piqués	*4 livres 10 sols*
Une salade garnie	*4 livres 15 sols*
Un chapon gras	*2 livres 10 sols*
Douze pêches	*2 livres 10 sols*
Poires, raisins et noix	*1 livre 10 sols*
Huit biscuits à 4 sol pièce	*1 livre 12 sols*
Six pains mollets de deux livres	*2 livres 12 sols*
Dix-sept bouteilles de vin	*8 livres 10 sols*
Total, trente-cinq livres sept sols	*35 livres 7 sols »*

Avec l'institution des préfectures par Napoléon, Melun, déjà chef-lieu du département, devint la résidence de nombreux préfets successifs, dont un grand gastronome, M. de Germiny. Curieusement une quasi-homonymie le rapproche de la résidence d'été des évêques de Meaux. Mais il n'eut pas d'autre rapport avec Germiny-l'Évêque que d'assumer sous le Second Empire l'administration du département sur lequel est située cette ravissante localité. Ce fut d'ailleurs son seul poste préfectoral. Car Charles-Gabriel Le Bègue, comte de Germiny (1799-1871), qui avait débuté en qualité de maître des requêtes au Conseil d'État, puis de chef de cabinet du ministre des Finances, retrouva la capitale après ses fonctions à Melun, comme conseiller-maître à la Cour des comptes d'abord, puis à la fin de sa carrière comme gouverneur de la Banque de France et sénateur.

55.- Melun, la préfecture vers 1905.

Il était surtout connu pour ses dîners fastueux et ses connaissances en gastronomie, et l'un des cuisiniers qui travaillèrent pour lui créa en son honneur le potage Germiny qui, en honorant une fois de plus Melun, peut trouver sa place ici.

📖 POTAGE GERMINY :

Taillez en chiffonnade 200 g de feuilles d'oseille fraîche et faites-les fondre au beurre.
Mouillez d'un litre de consommé de bœuf ou de volaille.
Délayez à part 6 jaunes d'œufs avec une tasse de crème fraîche et versez dans le potage.
Faites prendre sur le feu, sans bouillir, et quand la liaison est obtenue, ajoutez hors du feu 75 g de beurre et une pincée de pluches de cerfeuil.
Servez accompagné de minces tranches de pain de mie séchées au four.

Plus tard encore, à la Belle Époque, Melun fut associé à la fois plus simplement et plus glorieusement, à une création de cuisine, désignée alors comme s'il s'agissait d'un habitant, ce qui est rarissime dans l'histoire culinaire.

Ce « Melunais » doit son existence à l'une des maîtresses de maison de la ville, qui eut la générosité méritoire de livrer le secret de son invention au rédacteur de l'*Almanach humoristique et illustré du Messager de Seine-et-Marne*, publié en ces temps de raffinement, et surtout de qualité de la nourriture.

📖 MELUNAIS :

« Faites revenir un peu de lard dans du beurre, ensuite mettez des pointes d'asperges, tournez-les un tour ou deux seulement, jetez très peu de farine, mouillez avec du bouillon.
« Hachez du persil que vous mettrez avec quelques pommes de terre nouvelles et des oignons, sel et poivre – pas trop de sel, rapport au lard – laissez mijoter doucement le tout pendant une demi-heure ».

OU L'ON RETROUVE LE FROMAGE DE BRIE...

Si la cuisine campagnarde constitue l'expression initiale de toute gastronomie régionale, la cuisine bourgeoise en représente le premier degré de raffinement, dans une interprétation qui n'altère pas le « fumet du terroir » mais laisse davantage de place aux initiatives personnelles.

Ce sont celles-ci, minutieusement codifiées, jalousement conservées et affectueusement transmises, qui peuvent mériter la définition de « secrets des fourneaux ». Plutôt que l'âtre, toujours spécifiquement paysan, le fourneau était en effet un instrument indispensable aux cuisinières des villes et des bourgs.

Redevable au terroir briard, la cuisine bourgeoise de Seine-et-Marne l'est surtout pour ce qu'elle présente de plus original : les préparations à base de fromage de Brie. Il fallait être enraciné dans ce pays pour en trouver qui fût de qualité appréciable et en quantité suffisante, mais aussi avoir pris quelque distance avec les travaux de la terre pour oser manquer d'égards envers ce chef d'œuvre rustique en le mettant à cuire.

Mais seuls les résultats comptent et ils font maintenant partie intégrante du patrimoine régional.

Nous examinerons tour à tour quatre recettes anciennes : les ramequins au fromage de Brie, le « gâteau à la Brie » [sic], le gâteau au fromage de Brie selon Alexandre Dumas et la galette briarde ; et deux plus récentes, la pointe de Brie et la quiche briarde.

57.- Facture de la maison F. Ledoux *Aux fermes de la Brie,* à Lieusaint, fromages de Brie en gros 1899.

🕮 Ramequins au fromage de Brie :

Dans un ouvrage publié en 1764 « Chez Guillyn, quai des Augustins, du côté du Pont Saint Michel, au Lys d'Or » et intitulé : *La cuisinière bourgeoise, ...contenant la manière de connoître, disséquer et servir toutes sortes de viandes...,* on trouve les indications suivantes :

> « *... il n'y a que le Parmesan, le Gruyère et le Brie, dont on se serve en cuisine. Le fromage de Brie étant bien affiné, vous vous en servez pour faire des ramequins. Pour cet effet, vous en mettez un bon morceau que vous écrasez dans une casserole avec un morceau de beurre d'environ un quarteron, un demi-setier d'eau froide ou chaude, très peu de sel, un anchois haché ; faites bouillir le tout ensemble, et mettez autant de farine que la sauce en peut boire ; faites la dessécher sur le feu jusqu'à ce que votre pâte soit bien épaisse ; mettez-la ensuite dans une autre casserole pour y délayer autant d'œufs que la pâte en peut boire sans être liquide : il faut que cette pâte se soutienne sans couler. Vous dressez cette pâte en petits morceaux de la grosseur d'un œuf de pigeon sur un plafond, et les faites cuire au four. Pour être bien faits, il faut que vos ramequins soient légers et d'une belle couleur.* »

56.- Souvenir de Meaux, carte postale fantaisie vers 1907.

À des instructions aussi détaillées je n'ajouterai, pour les avoir expérimentées, que le conseil d'ôter la croûte du fromage avant de l'utiliser. En effet, sa présence peut apporter du retard à la liaison, et de l'amertume au goût…

🕮 Gâteau à la Brie :

Le même ouvrage indique assez brièvement la manière de confectionner un gâteau au fromage qu'une édition postérieure et lyonnaise (chez Amable Leroy, 1802) appelle : *« Gâteau à la brie » :*

« Prenez du fromage de Brie qui soit bien gras ; pétrissez-le avec un litron et demi de farine, trois quarterons de beurre, très peu de sel, vous mettez cinq ou six œufs pour délayer votre pâte ; quand elle sera bien pétrie, vous la mouillerez pour la laisser reposer une heure, ensuite vous formerez votre gâteau à l'ordinaire pour le faire cuire. »

🕮 Gâteau au fromage de Brie selon Alexandre Dumas :

« Prenez un fromage de Brie bien affiné, pétrissez-le avec un litron de farine, 90 grammes de beurre, peu de sel, ajoutez cinq ou six œufs et délayez bien votre pâte que vous tournez avec la paume de la main, laissez-la ensuite reposer une demi-heure, abaissez-la avec un rouleau, formez votre gâteau comme à l'ordinaire, dorez-le, mettez-le cuire au four et servez. »

Alexandre Dumas
Né en 1803 à Villers-Cotterets.
Il entra d'abord chez le duc d'Orléans comme commis du Secrétariat, puis débuta en 1826 dans la carrière des Lettres et en 1827 au Théâtre, où il obtint un grand succès avec Henri III et sa cour. Après 1830 et pendant le règne de Louis-Philippe, il fut très bien en cour ; c'est du reste l'époque la plus brillante de sa vie et de ses plus grands succès. En 1848, ayant joué un rôle politique, il s'enfuit en Belgique après le coup d'État, puis passa en Italie et devint l'historiographe de Garibaldi. Il mourut en 1870. On lui doit : La Tour de Nesles, Catherine Howard, Les Trois Mousquetaires, Vingt ans après, Le Comte de Monte-Cristo, la Dame de Montsoreau, etc.

58.- Alexandre Dumas (1803-1870).

🕮 Galettes briardes :

Faites une pâte en délayant 500 grammes de farine avec 150 grammes de fromage de Brie et 100 grammes de beurre et deux œufs.
Salez légèrement et ajoutez un peu de muscade râpée et de poivre de Cayenne.
Laissez reposer, puis aplatissez au rouleau à pâtisserie. Découpez en ronds avec un grand verre. Dorez au jaune d'œuf et rayez à la fourchette.
Faites cuire à four modéré.

🕮 Pointe de Brie :

Toujours dans le même esprit, la « pointe de Brie« est connue par les communications du syndicat d'initiatives de Coulommiers. En voici une fidèle transcription :

« Dans de la pâte feuilletée (5 à 6 tours), préparer deux disques de même grandeur. Faire une béchamelle un peu épaisse en y ajoutant du brie blanc, un œuf entier, une pointe de muscade, un peu de sel et de poivre. Laisser refroidir. Tartiner le premier disque de cette préparation (pas trop près des bords), mettre le second disque, souder les bords en les appuyant bien, dorer à l'aide d'un jaune d'œuf légèrement délayé dans de l'eau. Cuire au four (thermostat 6). Découper en six ou en huit lorsque la préparation est encore tiède ».

🕮 Quiche briarde :

Bien que publiée par la même source, la « quiche briarde » connaît une origine vraisemblablement moins traditionnelle. Mais la simplicité de moyens qu'elle met en œuvre conduisait à la retenir :

« Dans des petites tourtières beurrées, farinées, étaler une pâte brisée ou demi-feuilletée. Retirer la croûte de 125 grammes de brie non affiné, écraser à la fourchette en ajoutant sel, poivre, deux œufs entiers, un peu de lait (deux cuillerées à soupe environ). Cuire à four chaud, retirer bien dorée. »

Il ne saurait être question de clôre ce chapître sans évoquer une pâtisserie qui terminait elle-même les menus de certains dîners de gala dans l'Europe centrale d'avant 1914. Il s'agissait, en langue allemande de « *Tausendblätterkuchen mit Briekäse* », ce qui était traduit sur la version française (chic) de ces menus en « *Mille-Feuilles Briardes* » [sic].

La recette ne m'en est malheureusement pas parvenue... Peut-être était-elle inspirée par l'un des grands chefs originaires de Seine-et-Marne qui connurent, au XIXe siècle des carrières européennes.

La Brie, terre riche et parfois prétendue âpre au gain, a montré avec eux sa capacité d'envoyer au-delà des frontières, en plus de ses productions, la plus grande richesse de tout pays : ses hommes.

59.- Affiche publicitaire du Syndicat d'initiative de Coulommiers des années 1930.

Les délices du val d'Yerres

Entre les années insouciantes du Directoire et celles, plus romantiques, de la monarchie de Juillet, la vallée de l'Yerres ne cessa d'être à la mode. Cet engouement des Parisiens, exprimé surtout dans le milieu artistique, s'étendit entre Combs-la-Ville et Montgeron, c'est-à-dire en terre essentiellement briarde : à Varennes-Jarcy, que Boïeldieu affectionnait au point d'y acquérir une jolie maison de campagne, à Sucy-en-Brie, où les Halévy se réunissaient en famille, à Brunoy, dont les Talma retrouvaient le calme entre deux triomphes à la Comédie-Française.

61.- Brunoy (canton de Boissy-Saint-Léger, Seine-et-Oise) – la maison de Talma. Construite par le tragédien, cette demeure devint un « vide-bouteille » après la mort du grand comédien. Parvenu intact jusqu'à nos jours, l'édifice devint la propriété d'un promoteur immobilier. En 1969, au moment où elle allait être classée monument historique, la maison de Talma disparut dans un incendie volontaire... (cliché musée de Brunoy)

Ces villégiatures se matérialisèrent par des pavillons et des « folies » de style néoclassique en harmonie avec la délicatesse du paysage. Incroyables et merveilleuses, puis lions et lionnes y cherchaient le repos, et à la belle saison la vallée de l'Yerres devenait au quartier parisien de la Nouvelle Athènes ce que son homophone la ville provençale

60.- Varennes- Jarcy (canton de Boissy-Saint-Léger, Seine-et-Oise) – le moulin de Jarcy.

d'Hyères lui était en hiver : une copie conforme, peuplée des mêmes élégances et des mêmes talents. Le souvenir de certains d'entre eux s'est attaché à quelques réalisations culinaires et c'est par elles que nous ferons référence à de bien charmants fantômes.

62.- Varennes-Jarcy (canton de Boissy-Saint-Léger, Seine-et-Oise) – Jarcy, maison où habita Boïëldieu, avant 1905.

Fantômes... Le mot n'est pas déplacé à propos de la *Dame Blanche*, cet opéra que François-Adrien Boïeldieu composa au moulin de Jarcy, et qui connut tout au long du XIXe siècle un succès que l'on a peine à imaginer, sauf à en écouter la partition gracieuse et brillante.

Rien d'étonnant, par conséquent, à ce que l'on ait donné le nom de cette œuvre lyrique à deux recettes faisant partie des éléments les plus subtiles, les plus spirituels d'un menu : les potages et les desserts. Nous évoquerons donc le velouté de volailles Dame-Blanche et ensuite l'entremets glacé dit « Dame Blanche ».

🕮 Velouté de volaille Dame Blanche :

Dans une grande cocotte remplie d'eau froide, versez les abattis, c'est-à-dire les pattes, cous, ailes, foies, gésiers de deux poulets et, coupés en dés, deux carottes, deux blancs de poireaux, deux pommes de terre, un céleri-rave, un oignon, une gousse d'ail.
Salez, poivrez.
Portez à ébullition et laissez cuire sur feu doux pendant une heure en écumant.
Retirez ensuite du feu et passez le bouillon.
Séparez les chairs des abattis et passez-les à la moulinette en même temps que les légumes et ajoutez la purée ainsi obtenue au bouillon.
Remettez le tout à mijoter, couvert, sur feu très doux pendant 10 minutes.
Une fois retiré du feu, versez dans une soupière chaude.
Ajoutez, lentement et en tournant constamment, deux œufs préalablement battus avec une tasse de crème et une cuillerée à soupe de lait d'amande.
Dès que la liaison est faite, servez.

🕮 Dame Blanche :

C'est en réalité le nom donné à trois desserts au moins, puisque l'on compte également des « Coupes Dame-Blanche » et des « Pêches Dame-Blanche ».

La « Dame Blanche » proprement dite est facile à réaliser, simplement composée de boules de glace à la vanille, de crème Chantilly (la seconde servant à décorer les premières, en nombre à volonté), et de sauce au chocolat parfumée à l'extrait de café, cette dernière servie chaude à part afin que chacun nappe la glace à sa convenance.

🕮 Sole à la Boïeldieu :

Nous n'en terminerons pas avec le souvenir de l'auteur de la *Dame Blanche* sans évoquer un plat auquel il a donné son nom, la sole à la Boïeldieu.

Celle-ci consiste en des tranches de cet estimable poisson, repliées, remplies d'un hachis de poisson, de queues de crabes et de crevettes, et de truffes. Présentées sur des croustades tartinées de beurre de homard, elles sont masquées de sauce au crabe, le tout décoré de tranches de truffes.

🕮 Sole Halévy :

D'un compositeur à l'autre, et d'une façon à l'autre d'accommoder la sole, il n'existe en Brie que la distance de Jarcy à Sucy, au fil de l'Yerres, de la Seine et de la Marne. La famille de Jacques-Fromental Halévy, auteur de *La Juive*, passait les étés dans une propriété nommée les Hautes-Maisons, où était reçu le jeune Marcel Proust, condisciple de Daniel Halévy au lycée Condorcet.

63.- Sucy-en-Brie (canton de Boissy-Saint-Léger, Seine-et-Oise) – la rue du Montier vers 1907.

La sole Halévy est cuite au vin blanc, puis masquée pour une moitié de sauce au vin blanc semée de truffes hachées, et pour une autre de sauce au crabe semée de blancs d'œufs durs hachés. Le tour du plat est garni de croquettes de pommes de terre.

☞ Sauce au vin blanc : *à base d'un roux blond mouillé de bouillon de poisson et de vin blanc, dans lequel on ajoute un jaune d'œuf et du beurre.*

🕮 Côtelettes d'agneau à la Talma :

À peu près à mi-chemin entre Varennes-Jarcy et Sucy-en-Brie, Brunoy conservait à l'orée de la forêt de Sénart l'ancien pavillon du tragédien Joseph Talma. Celui-ci, qui y séjourna longuement avec son épouse Julie, était l'acteur le plus admiré aux époques de la Révolution et de l'Empire, et son nom a été donné à plusieurs préparations culinaires, notamment des côtes de mouton et des côtelettes d'agneau, selon des procédés voisins.

Voici les côtelettes d'agneau à la Talma :

Enduire les côtelettes, sur un côté, de foie gras d'oie lui-même recouvert de farce de volaille. Les faire saisir sur ce côté. Les disposer ensuite en dôme dans une cocotte, semées de truffes hachées, et terminer la cuisson au four à feu doux.

Servir avec une sauce à la crème (beurre, crème fouettée et jus de citron) agrémentée de champignons et de truffes hachés.

64.- François-Joseph Talma (1763-1826). Il fut le comédien préféré de Napoléon qui le fit jouer, à Erfurt, devant un « parterre de rois ».

🕮 Charlotte froide à la Brunoy :

Nous quitterons, temporairement d'ailleurs, la vallée de l'Yerres, avec une recette dont la simplicité bon enfant correspond au passé artistique de ces lieux. Livrée par Alexandre Dumas dans son *Grand Dictionnaire de Cuisine*, la charlotte froide à la Brunoy ressemble, dans sa concision, à un exercice d'initiation ou à un jeu éducatif :

65.- Brunoy (canton de Boissy-Saint-Léger, Seine-et-Oise) – « Au repos de la forêt », une noce chez Jacomin, vers 1905.

« Émincez des biscuits et garnissez-en un moule uni en faisant dans l'intérieur plusieurs compartiments, remplissez de confitures diverses, couvrez votre charlotte avec du biscuit, renversez sur un plat et servez. »

Il reste à déterminer quelles peuvent être les « confitures diverses » qui s'accordent en saveur dans une même pâtisserie. Compte tenu de la nature sucrée de l'ensemble, on aura soin d'observer la plus grande circonspection, sauf à profiter d'une inspiration digne de l'auteur des *Trois mousquetaires*.

Les gastronomes de Villecresnes

À proximité de la vallée de l'Yerres, Villecresnes conserve encore quelques traces du temps des villégiatures. La plus significative est peut-être le petit château de la rue de Cerçay, construit jadis sur l'ancien fief des Jardins. Au début du XIXe siècle, il était la propriété du docteur Richerand. Professeur à l'école de Médecine à I'âge de vingt-huit ans, plus tard chirurgien consultant du roi, il avait été anobli au début de la Restauration. Gastronome, il recevait fréquemment dans sa maison de Villecresnes ses plus proches amis, dont deux étaient littérateurs et académiciens (Campenon et Auger, ce dernier secrétaire de l'Académie française), et le troisième, son compatriote de Belley, Brillat-Savarin. Tour à tour avocat, magistrat à la Cour de cassation ce dernier fut l'auteur, vers la fin de sa vie et à la suite de savants ouvrages juridiques, économiques et historiques, de la fameuse *Physiologie du goût.* Il y a évoqué, parmi des digressions d'une érudition toujours plaisante, les souvenirs de table communs au petit groupe de gourmets habitués chez les Richerand, En voicl quelques lignes

« C'était justement un samedi, jour de sabbat : il s'agissait d'un turbot à cuire ; c'était à la campagne, et cette campagne était Villecrêne ...“Soyez sans inquiétude, m'écriai-je avec cette foi qui transporte les montagnes, le turbot sera cuit entier ; il cuira à la vapeur, il va cuire à l'instant”. Effectivement, quoiqu'il fût tout a fait temps de dîner, je mis immédiatement tout le monde en œuvre. Pendant que quelques-uns allumaient le fourneau, je taillai, dans un panier de cinquante bouteilles, une claie de la grandeur précise du poisson géant. Sur cette claie, je fis mettre un lit de bulbes et herbes de haut goût sur lequel il fut étendu, après avoir éte bien lavé, bien séché, et convenablement salé. Un second lit du même assaisonnement fut placé sur le dos. On posa la claie, ainsi chargée, sur la chaudière à demi pleine d'eau ; on couvrit le dos d'un petit cuvier autour duquel on amassa du sable sec, pour empêcher la vapeur de s'échapper trop facilement. Bientôt la chaudière fut en ébullition ; la vapeur ne tarda pas à remplir toute la capacité du cuvier, qu'on enleva au bout d'une demi-heure, et la claie fut retirée de dessus la chaudière avec le turbot cuit à point, bien blanc, et de la plus aimable apparence. »

66.- Villecresnes - L'église.

67.- La cuisine de Brillat-Savarin

Une autre anecdote contenue dans *la Physiologie du goût* concerne la Brie à propos d'un voyage à Melun au cours duquel l'auteur accompagnait deux dames. Partis tard de Paris, ils s'arrêtèrent pour déjeuner dans une auberge de Montgeron (toujours la vallée de l'Yerres !). Quoique d'assez bonne apparence, l'établissement n'avait plus pour provisions que des œufs, après le passage de trois diligences et deux chaises de poste. Mais à la broche rôtissait un magnifique gigot. Le chef apprit aux trois affamés qu'il appartenait à des voyageurs anglais qui l'avaient apporté, et en attendaient la cuisson autour d'une bouteille de Champagne. Le jus de la rôtisserie appartenant de droit à l'auberge, Brillat-Savarin obtint qu'il fut extrait de la viande, afin d'y faire cuire des œufs brouillés, et c'est le respectable homme de loi qui pratiqua lui-même à l'aide de son couteau de voyage, la douzaine de fines entailles d'où s'écouta *« la substance du gigot »*. Évidemment, il ne manqua pas d'assister à la préparation du plat, ce qui nous a valu cette recette :

68.- Jean-Anthelme Brillat-Savarin (1755-1826)

🕮 Œufs au jus à la manière de Brillat-Savarin :

Dans un saladier, cassez des œufs en quantité souhaitée et délayez-les, en vous abstenant de remuer davantage dès que les jaunes sont crevés.
Ajoutez un peu de beurre, du sel, du poivre.
Versez dans une petite casserole le jus d'un gigot d'agneau. Mettez sur le feu en évitant l'ébullition.
Versez les œufs battus dans la casserole et faites culre a feu très doux, ou même au bain-marie, sans cesser de remuer, afin d'éviter que les œufs attachent au fond et sur les bords.
Aprés cuisson, gardez au chaud au bain-marie.
Servez sur des croustades ou dans des ramequins préalablement chauffés.

En l'honneur du docteur Richerand, baronifié par le roi Louis XVIII, et dont le fils fut pendant plus de trente ans maire de Villecresnes, Tony Girod, chef des cuisines du *Café de Paris*, créa au début du XXe siècle les bécasses du baron Richerand.

Bécasses du baron Richerand :

« 1° Assaisonnez les bécasses de sel épicé ; cuisez-les au beurre dans une sauteuse en les tenant saignantes. Dans le même beurre, faites frire des tranches de pain de ménage et disposez-les sur les côtés d'un plat long. Découpez les bécasses, placez-en un morceau sur chaque tranche.

« 2° Mettez dans la sauteuse les carcasses hachées ; flambez à la fine champagne additionnée de jus de rôti. Liez ce fumet avec les intestins, broyés et malaxés avec du foie gras cru tamisé. Assaisonnez de sel et poivre. Chauffez sans laisser bouillir et, avec ce coulis, nappez les morceaux de bécasse. (Cette préparation doit être faite rapidement et peu cuite).

« 3° Dans le centre de la couronne formée par les morceaux de bécasse, disposez des truffes fraîhes étuvées au champagne et jus de viande. Piquez les têtes de bécasses sur les truffes.

« À chaque bout du plat, un bouquet de cresson. »

Pique-nique royal dans la vallée de l'Yerres

On peut dire qu'à la même époque la mode de la vallée de l'Yerres s'étendit en remontant le cours de la rivière... et la pyramide sociale. Voici comment.

Près du pont des Seigneurs, entre Guignes et Ozouer-le-Voulgis, par une matinée d'été déjà chaude des années 1830, deux chaises de poste s'engageaient doucement vers la rive.

69.- Ozouer-le-Voulgis (canton de Tournan) – le pont du Seigneur avant 1910.

Un couple d'âge mûr, de mise discrète, et une demi-douzaine de jeunes filles, de jeunes gens et d'enfants en descendirent heureux de se dégourdir les jambes et de respirer l'air pur. On aurait dit quelque famille de bourgeois parisiens venus s'ébattre à la campagne. Mais certains détails révélaient qu'il ne s'agissait pas de pique-niqueurs ordinaires : la présence de plusieurs valets empressés à déballer nappes, couverts et victuailles, ainsi que celle, obséquieuse d'un brave homme du cru, qui avait visiblement guidé la compagnie jusqu'en ces lieux et avait tout l'air du maire du village. Une observation prolongée l'aurait confirmée en permettant de remarquer qu'à la différence de tous les siens, installés à même le sol, le chef de cette famille s'assit bientôt sur un pliant.

70.- Le roi Louis-Philippe et la reine Marie-Amélie, aquarelle de Léandre, 1898.

Enfin, c'était la curiosité de quelques gamins de l'endroit, venus à la suite des voitures et tenus difficilement à distance par le notable improvisé guide, qui apportait la réponse. Car ces gamins criaient : *« Vive le roi ! »*

Leurs Majestés Louis-Philippe et Marie-Amélie, accompagnés de leurs enfants, déjeunaient sur l'herbe dans la campagne seine-et-marnaise.

La tradition orale, reprise à la fin du siècle dernier par René Morel, ne nous a pas précisé quels mets soulagèrent leurs appétits aiguisés par le grand air, mais on peut donner à cette anecdote son illustration culinaire avec une recette de volaille froide qui doit son nom à Louise d'Orléans, fille aînée du roi des Français et, par son mariage, première reine des Belges, et avec un dessert rafraîchissant comme les poires Louis-Philippe, qui rappellent en outre certaines comparaisons d'un caricaturiste du temps.

Poularde Louise d'Orléans :

La recette en a été transmise par Escoffier :

« Retirer les os de poitrine d'une belle volaille, assaisonner l'intérieur de sel et de poivre. Clouter de truffes un beau foie gras, l'assaisonner d'épices, l'arroser d'un verre de madère, l'envelopper d'une barde de lard puis dans un linge mousseline, et le faire pocher 15 à 18 minutes dans un fond de veau ; le laisser refroidir, le déballer et le fourrer dans la volaille ; brider ensuite celle-ci et la faire cuire au beurre, à four très doux 50 minutes environ, en l'arrosant souvent avec le beurre de cuisson, la débrider. Puis la recouvrir complètement d'épaisses lames de truffe, l'envelopper de bardes de lard ou de crépinette ; l'enfermer dans une abaisse de pâte à foncer. Poser la poularde sur une plaque ; faire une ouverture sur le centre de la pâte pour l'échappement de la vapeur, dorer la pâte et cuire au four de chaleur moyenne, pendant une demi-heure, le temps de cuire la pâte. Cette poularde peut se servir chaude mais il est préférable de la servir froide et, dans ce cas, on pourra préparer une bonne gelée avec le fond de veau dans lequel le foie gras a été poché. »

71.- *La poire commence à mûrir*, caricature contre Louis-Philippe en février 1848.

Poires Louis-Philippe :

Tartelettes remplies de glace aux amandes, recouverte de morceaux de poires cuites à la vapeur et refroidies et arrosées de sirop de marasquin.

Les crosnes du Japon... et de l'Essonne

Dans les années de la fin du XIXe et du début du XXe, la mode en Europe était aux japonaiseries. Depuis la littérature avec *Madame Chrysanthème* de Pierre Loti, qui se transformerait à l'opéra en *Madame Butterfly*, et les arts avec les collections d'estampes comme celle de Claude Monet à Giverny, jusqu'au monde des cafés-concerts parisiens avec le *Divan japonais*.

72.- Crosnes (canton de Boissy-Saint-Léger, Seine-et-Oise) – le clocher de l'église avant 1914.

L'extraordinaire jardin Albert-Kahn à Boulogne-Billancourt, avec ses bosquets de bambous et ses maisons de thé, marque le point d'orgue de cet engouement... qui a resurgi depuis sous une forme moins esthétique. Mais la civilisation nipponne semblait alors devoir ceinturer la capitale par la verdure des banlieues, puisque depuis 1882, à l'est du département de Seine-et-Oise, l'agronome Pailleux acclimatait des plantes originaires du pays du Soleil-Levant.

Leur nom étant en latin *stachis assiris*, et en japonais plus compliqué encore, on trouva plus simple de leur donner celui du petit village où elles étaient cultivées. C'était Crosne, actuellement situé dans l'Essonne après avoir été partie intégrante de l'ancienne Brie. La cause de ces soins se trouvait bien entendu dans la nature comestible des racines, ou plutôt des tubercules, de ces plantes. Et la table suivant la mode du temps, leur saveur un peu incertaine (on hésite entre le salsifis, l'artichaut et la pomme de terre) se retrouva dans toutes les préparations dites « à la japonaise ».

Voici plus simplement les crosnes aux fines herbes.

🕮 Crosnes aux fines herbes :

Faites légèrement blanchir à l'eau bouillante salée les crosnes préalablement nettoyés et lavés.
Égouttez-les et mettez-les dans une sauteuse avec du beurre et couvrez pour faire étuver à feu doux en évitant toute coloration.
Hachez finement du persil, de l'estragon et de la ciboulette en quantités égales et versez-les juste avant la fin de la cuisson sur les crosnes, en remuant.
Servez (facultativement dans un plat à décor de grains de riz...).

Gastronomie théâtrale en nord Seine-et-Marne

Si nous nous éloignons des confins de Seine-et-Marne et du Val-de-Marne, c'est toujours en compagnie des artistes, et pour l'instant des gens de théâtre, puisque nous retrouvons dans le nord Seine-et-Marne deux dramaturges et un comédien, avec Eugène Scribe à Bussières, Beaumarchais à Othis et Constant Coquelin à Couilly-Pont-aux-Dames.

À Bussières, sur les confins du département de l'Aisne, le château de Séricourt fut la propriété d'Eugène Scribe, auteur d'innombrables pièces de théâtre à succès au début du XIXe siècle. Consécration enviée alors, certaines se transformèrent en livrets d'opéras, comme la *Dame Blanche* que nous avons déjà rencontrée sur les bords de l'Yerres. Scribe était gastronome, et il créa même la recette des ortolans à la provençale. Son nom a été donné à une recette d'œufs, qui illustrera ici le souvenir de ses séjours briards.

C'est à Beaumarchais, petit hameau isolé sur le territoire de la commune d'Othis, que Pierre-Augustin Caron, horloger, musicien, agent secret et auteur dramatique, dut à la suite de son mariage avec la dame du lieu un nom auquel il apporta un éclat aussi universel qu'à celui de Figaro. Consécration suprême, le nom de l'auteur fut donné à une recette de vol-au-vent, et celui du personnage à une sauce...

73.- Pierre Augustin Caron de Beaumarchais (1732-1799) écrivain et quelque peu aventurier.

🕮 Vol-au-Vent Beaumarchais :

Les vol-au-vent, petites croustades de pâte feuilletée, sont enduits de farce de gibier truffé, puis garnis de dés de foie d'oie et de pointes d'asperges à la sauce Madère.

74.- Constant Coquelin, dit Coquelin aîné (1841-1909), acteur, directeur de théâtre, l'un des fondateurs de la « maison des comédiens » à Pont-aux-Dames, image-prime de la biscuiterie LU, vers 1905.

🕮 Sauce Figaro :

Elle consiste en une sauce mayonnaise à laquelle on incorpore d'une part de la mousse de tomates, et d'autre part de la mousse d'épinards. Il s'agit donc de deux mélanges apprêtés et présentés séparément.

🕮 Ris de veau Coquelin :

Constant Coquelin, dit Coquelin aîné, finit ses jours à la maison de retraite des artistes de Pont-aux-Dames, qu'il avait fondée. Sociétaire de la Comédie-Française, il avait créé le rôle de Cyrano dans la pièce d'Edmond Rostand.

Le ris de veau, lardé, est cuit à la vapeur, puis présenté sur de petites croustades feuilletées remplies de dés de poivrons verts et de haricots verts, et de champignons de Paris, le tout accommodé à la sauce Melba (sauce froide aux épices).

75.- Couilly (canton de Crécy-en-Brie) – maison de retraite des artistes dramatiques à Pont-aux-Dames, le réfectoire vers 1910.

76.- Couilly (canton de Crécy-en-Brie) – maison de retraite des artistes dramatiques à Pont-aux-Dames, la cuisine vers 1910.

🕮 Garniture Cyrano :

Il s'agit d'une garniture destinée à accompagner les plats de viande. Elle est composée de cœurs d'artichauts (dont peut-être celui de Roxane…) légèrement creusés et remplis de mousse de champignons.

🕮 Poularde à la Coquelin cadet :

Ernest Coquelin, frère puîné du fondateur de la maison de retraite de Pont-aux-Dames, et pour cette raison surnommé Coquelin cadet, a donné son nom à la façon d'apprêter la volaille.

Elle consiste à la brider, la mouiller de consommé blanc, la braiser avec des carottes, des oignons et un bouquet garni, après quoi on l'égoutte, on la débride et on la couvre d'une sauce béarnaise verte, semant ce masque de lames de foie gras et de truffes découpées en rondelles.

🕮 Canapés Coquelin :

Le nom de Coquelin a également été donné à cette création simple, tirant pourtant son origine des « raouts » parisiens de la Belle Époque.

Il s'agit de petits canapés de pain de mie, tartinés d'un mélange de sardines hachées, de beurre et de parmesan ; ils sont décorés avec du beurre de sardine, des cornichons (« fins de Meaux » si possible) au vinaigre et des câpres.

🕮 Œufs Scribe ;

Avant de clore cette évocation, ou plutôt de laisser retomber le rideau rouge, voici les œufs Scribe. Les œufs sont pochés, puis posés chacun sur une croûte à tartelette salée, préalablement garnie de mousse de foie de volaille ; on nappe de sauce demi-glace.

77.- Bussières (canton de La Ferté-sous-Jouarre) – Séricourt, propriété d'Eugène Scribe, chalet du théâtre en 1899.

Souvenirs de la forêt de Fontainebleau

Après la musique et le théâtre, notre musardage parmi les arts demeurerait incomplet s'il ne s'arrêtait quelques instants à la peinture. Et la peinture, en Seine-et-Marne, c'est avant tout l'école de Barbizon. La vie quotidienne des artistes passant les étés dans ce qui était une humble bourgade mi-forestière mi-champêtre nous est connue grâce à un roman de leurs contemporains Edmond et Jules de Goncourt intitulé *Manette Salomon*.

78.- Chailly-en-Bière (canton de Melun-sud) – Fête à Barbizon, dessin d'Olivier de Penne, vers 1860 (droits réservés).

Le domaine culinaire n'en est pas absent, et sous ce rapport le contraste apparaît entre les scènes parisiennes, où l'heure des repas ramène toujours les jeunes rapins à l'obsession d'inaccessibles festins dans les restaurants réputés de la capitale, et les pages sylvestres du milieu de l'œuvre, riches de détails sur la nourriture abondante, simple et savoureuse du village, apprêtée et partagée dans la bonne humeur :

« Le dîner était la grande récréation de la journée… Le grand pain posé sur le dessus du piano passait, et chacun s'y coupait un michon. Le petit vin moussait dans les verres, les fourchettes piquaient les plats, les assiettes couraient à la ronde, les couteaux frappant sur la table demandaient des suppléments… »

Au cours de l'un de ces soupers agrestes, on retrouve la petite colonie mangeant gaiement du chevreuil *« servi à toutes les sauces »*, non sans avoir appris précédemment que le peintre Anatole *« assez cuisinier de goût et de vocation »* avait pour spécialités les girolles à la provençale et le gigot à la juive. Mais ces recettes nous feraient trop nous écarter de nos sentiers briards, et nous avons retenu de ces temps inspirés et joyeux celle de la salade à la moutarde, qui donnait lieu à une *« confection solennelle »* attentivement suivie par les convives devenus silencieux. À partir des éléments incomplets du texte, je l'ai reconstituée et enrichie d'apports régionaux, en vous suggérant d'en varier à votre fantaisie la… palette.

📖 Salade des peintres de Barbizon :

Assaisonnez une belle laitue d'une sauce à l'huile de noix et à la moutarde de Meaux. En remuant la salade, ajoutez de petits cubes de brie de Melun et des cerneaux de noix et, en dernier, un jeune d'œuf cru, ou davantage en fonction de la quantité de laitue.

🕮 Poulet Franchard :

Voisines de Barbizon, les gorges de Franchard doivent à leur pittoresque d'avoir été de très bonne heure parcourues par les peintres et les poètes. Par les cuisiniers également, ainsi que le rappelle la recette devenue traditionnelle du poulet Franchard :

79.- Fontainebleau – la forêt – ruines de l'Ermitage de Franchard avant 1914.

Coupez un poulet en morceaux que vous faites revenir au beurre dans une cocotte sur feu vif.
Hachez très fin du cerfeuil, du persil, du thym, trois fois plus d'estragon et une gousse d'ail ; émincez plus grossièrement un quart de champignons de couche épluchés et lavés à l'eau vinaigrée.
Versez dans la cocotte les herbes hachées, salez et poivrez ; versez ensuite les champignons.
Liez avec une cuillerée de farine, en remuant sans arrêt ; mouillez avec une louche de bouillon.
Laissez mijoter à feu doux pendant 50 minutes, jusqu'à obtenir une sauce très réduite et dorée.
Servez dans un plat creux avec une garniture de croûtons triangulaires frits au beurre.

🕮 Brochet Valvins :

Dans ce pays où la campagne se fait clairière et la terre humus, toute fraîcheur vient de la forêt, surtout sur les pentes rocheuses des Trois-Pignons et du côté de la Bière, privée de cours d'eau. La lisière opposée n'en est que plus envoûtante, parcourue par une autre puissance étale et glauque, la Seine.

Pas encore aussi majestueuse qu'après son confluent avec la Marne, mais déjà nourrie d'une belle maturité par l'Yonne et le Loing, elle côtoie, traverse et quelquefois inonde le domaine sylvestre, et cette confusion de deux univers prend par endroits un aspect irréel : odeurs mêlées de mousse et d'eau douce, jeux de lumière sur des frémissements de vaguelettes ou de feuillages.

De Moret à Chartrettes, en passant par Samois et Vulaines, c'est un rivage de peintres, avec les impressionnistes et aussi Vuillard et Bonnard, mais surtout de poètes, car tant de subtilité conjuguée invite à une expression plus abstraite, plus hermétique : Musset, et plus tard Mallarmé et Valéry, furent des fervents de Valvins.

80.- Vulaines-sur-Seine (canton de Fontainebleau) – la Seine à Valvins, le restaurant, avant 1903.

Dans l'ordre des nourritures terrestres, le brochet Valvins appartient aussi à ces lieux, et pour des raisons somme toutes assez semblables : finesse, subtilité, délicatesse, au point qu'il n'est pas possible de le citer sans une pensée pour une hôtesse fidèle à ces mêmes rives, égérie de la Belle Époque avant de l'être des Années folles, Misia Sert.

Dépouillez le brochet sur un côté et piquez-le de filets d'anchois.
Enveloppez-le dans du papier huilé ou du papier d'aluminium et faites-le rôtir au four.
Servez avec, à part, une sauce ravigote au beurre maître d'hôtel moutardé.

☞ Sauce ravigote : *(proportions pour un brochet entier). Faites un roux blanc avec 50 grammes de beurre et 40 grammes de farine, délayez avec 3/4 de litre de bouillon et ajoutez 10 cuillerées de vinaigre à l'estragon et autant de vin blanc, et ensuite, finement hachées, 60 grammes d'échalote, 30 grammes de ciboulette, 15 grammes de cerfeuil et 15 grammes d'estragon.*
Procédez au beurrage final avec 75 grammes de beurre maître d'hôtel (c'est-à-dire additionné de sel, poivre, persil haché et jus de citron) auquel vous incorporez 2 cuillerées de moutarde.

Chasselas de Fontainebleau :

Afin d'apporter une saveur fruitée à ce parcours qui par Barbizon et Franchard nous a amenés sur les pas des artistes jusqu'au bord de la Seine, nous nous y attarderons dans des vignes qu'affectionnait le poète de la gastronomie, Charles Monselet : « *La culture en grand du chasselas a pour centres principaux deux jolis bourgs situés à sept kilomètres de Fontainebleau : les bourgs de Thomery et de Champagne. Quelques villages environnants s'occupent également de cette culture, mais leurs raisins ne valent pas ceux de Champagne* et de *Thomery.* »

81.- Chasselas de Fontainebleau – Treille du Roi, avant 1903.

82.- Fontainebleau – vente aux enchères du chasselas de la Treille du Roi, vers 1950.

Et l'auteur de *La cuisine poétique* précise que ces belles grappes, destinées non au vin mais à la table, étaient expédiées partout en France ainsi qu'à l'étranger dans de petits paniers garnis de fougère. Le voisinage forestier de leurs origines les suivait ainsi jusque sur les tables les plus prestigieuses.

83.- Jacques Bezout, le centenaire de Dormelles en 1908.

Filets mignons Labori :

Sur les pas des muses, nous avons pénétré en forêt de Fontainebleau, dont nous allons poursuivre l'exploration culinaire sous des aspects toutefois plus prosaïques…

À moins que l'on ne considère l'éloquence judiciaire comme un art, car c'est bien d'art oratoire qu'il convient de parler avec Fernand Labori, qui habita Fontainebleau, puis Avon, devint député de Seine-et-Marne et, en 1903, maire de Samois. Il fut l'avocat de l'anarchiste Vaillant, de Zola, de Dreyfus, et intervint, en 1914, dans le cadre de la fameuse affaire Caillaux.

En 1908, il présida à Dormelles un grand banquet à l'occasion de l'anniversaire de deux centenaires. Il serait intéressant d'en connaître le menu et, plus encore, le régime alimentaire des héros de la fête.

Labori a laissé son nom à une façon d'apprêter les filets-mignons.

On appelle ainsi, dans la viande de bœuf ou de mouton, les tranches obtenues après le découpage de la queue de filet. Cette partie doit toujours être cuite distinctement du reste de filet, car sa minceur empêche d'en faire concorder la cuisson avec celle de la partie épaisse.

84.- Fernand Labori (1860-1917). Avocat, jurisconsulte, il fut maire de Samois et député de Seine-et-Marne.

Les filets-mignons Labori sont sautés à la poêle ou braisés. Ils sont ensuite couronnés d'une sauce aux truffes, préparée à base de sauce Madère (4 décilitres de sauce demi-glace réduits avec 2 décilitres de bouillon, en ajoutant au dernier moment 1 décilitre de vin de Madère), passée et additionnée d'extrait de truffes et de truffes hachées. Le tout accompagné de champignons hachés.

Perdreaux grillés à la forestière :

Mais trêve d'influences parisiennes, même si la région leur doit tant ! La recette qui suit est essentiellement redevable à la forêt, à son petit gibier, à ses champignons tendres et dorés, et même, avec la présence du bacon, à ses fervents touristes anglais, pionniers de la découverte de ces paysages, au temps des villégiatures romantiques :

Plumez, videz, flambez et épluchez deux perdreaux. Ouvrez-les du côté de l'échine et aplatissez-les. Assaisonnez-les de sel et de poivre, badigeonnez-les de beurre fondu et recouvrez-les de mie de pain. Mettez-les à cuire à feu doux sur un gril, en même temps qu'une dizaine de tranches de bacon coupées minces.

D'autre part parez et lavez 250 grammes de cèpes et faites-les sauter à la poêle avec beurre, sel et poivre. Épluchez 300 grammes de pommes de terre nouvelles et tournez-les en petites gousses. Faites-les blanchir à l'eau salée, égouttez-les et mettez-les à cuire dans une cocotte avec du beurre et du sel.

Faites réduire 4 décilitres de jus de viande (veau de préférence) et ajoutez-y les foies des deux perdreaux, hachés. Mélangez hors du feu, en assaisonnant d'un jus de citron et d'une pincée de persil haché.

Dressez les perdreaux sur un plat ovale ; placez autour en alternance les cèpes et les pommes de terre. Mettez sur les perdreaux les tranches de bacon grillées et versez la sauce tout autour.

British cooking in Fontainebleau

85.- Un toast à l'Entente cordiale. … « *Enfin, mesdames, messieurs, ladies and gentlemen, nous avons tous compris qu'un même cœur bat maintenant sous les capotes bien françaises de nos petits pioupious et sous le jupon écossais de vos highlanders !* » Dessin d'Albert Guillaume 1904.

Comme si les perdreaux grillés à la forestière, avec leur bacon, avaient commencé de rappeler l'engouement britannique pour la région bellifontaine, nous trouvons encore, le moment venu d'évoquer la ville proprement dite, des traces multiples de la même présence.

Une première église placée sous le vocable de saint Thomas Becket, archevêque de Cantorbery, le premier jardin anglais du continent, les artistes d'outre-Manche sillonnant la forêt au XIXe siècle et une école américaine de musique au XXe siècle : le sacré et le profane semblent s'être conjugués de tous temps pour enrichir le site de chasse des rois de France de surimpressions anglo-saxonnes.

Le nom de Fontainebleau est d'ailleurs très connu dans les pays de langue anglaise ; il est porté par une forêt en Écosse et par un palace à Miami, en Floride.

86.- Fontainebleau – l'hôtel de France et d'Angleterre avant 1913.

87.- Fontainebleau – grand hôtel Legris – le restaurant avant 1914.

Cette atmosphère a même gagné la table, avec le pudding Fontainebleau, de renommée internationale :

📖 Pudding Fontainebleau :

Enduisez de petits moules à charlottes avec de la gelée de curaçao puis de la compote de cerises épaisse.

Garnissez ensuite l'intérieur, en alternance, de couches de crème à la vanille et de boulettes de poudre d'amandes au curaçao.

Mettez au froid la veille et démoulez le lendemain au moment de servir, entouré de crème fouettée épaisse mêlée de liqueur de curaçao.

📖 Garniture Fontainebleau pour le poisson :

Elle est composée d'huîtres, de laitance de carpes et de quenelles de saumon au vin blanc avec de la mousse de tomate ; entourage avec des croustades de pâte feuilletée.

88.- Fontainebleau – hôtel de Moret et d'Armagnac, la salle à manger avant 1914.

Garniture Fontainebleau pour la viande :

Elle consiste en des pommes de terre farcies avec une macédoine de légumes en sauce blanche à la crème.

Œufs pochés Fontainebleau :

Faites pocher les œufs en les cassant et les vidant doucement dans de l'eau bouillante salée et additionnée de vinaigre blanc.
Laissez-les baigner pendant trois minutes.
Retirez-les délicatement, laissez-les égoutter et posez-les sur des canapés de pain de mie rôtis.
Couvrez-les tous d'une tomate renversée, préalablement évidée et cuite à la cocotte à feu doux.

Nappez d'une sauce blanche liant une julienne de poivrons rouges hachés très fins.

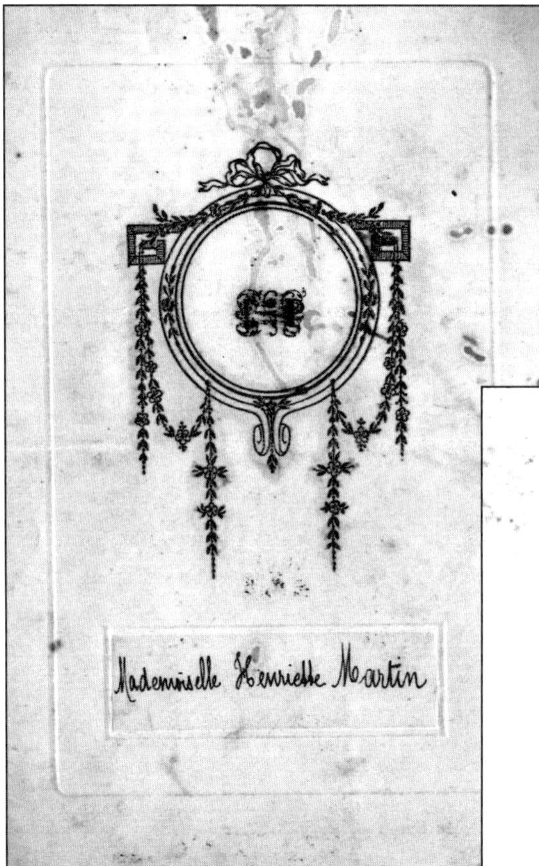

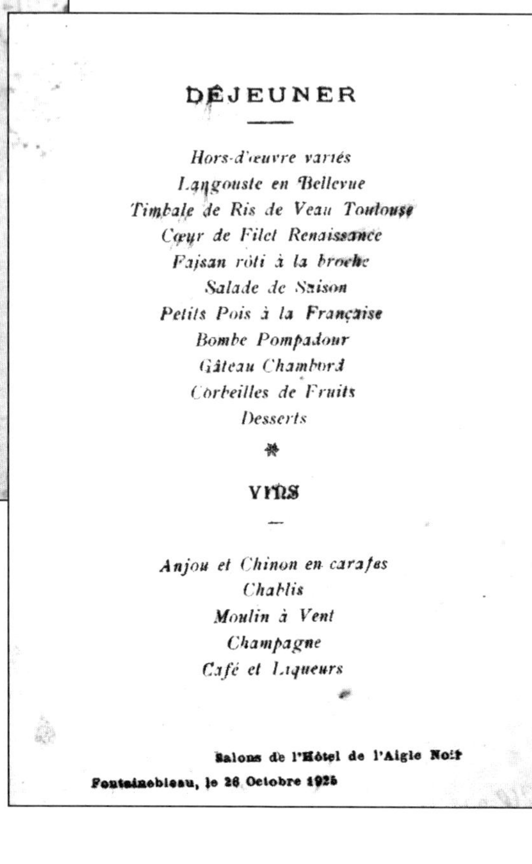

DÉJEUNER

Hors-d'œuvre variés
Langouste en Bellevue
Timbale de Ris de Veau Toulouse
Cœur de Filet Renaissance
Faisan rôti à la broche
Salade de Saison
Petits Pois à la Française
Bombe Pompadour
Gâteau Chambord
Corbeilles de Fruits
Desserts

VINS

Anjou et Chinon en carafes
Chablis
Moulin à Vent
Champagne
Café et Liqueurs

Salons de l'Hôtel de l'Aigle Noir
Fontainebleau, le 26 Octobre 1925

Menu du mariage Lipmann-Provencher, Hôtel de l'Aigle Noir à Fontainebleau le 26 octobre 1925.

La cuisine militaire

Restons un moment encore à Fontainebleau pour en considérer un autre aspect, celui de ville-garnison. Il est incontestablement demeuré et, reposant sur un passé ancien, fut de tous temps considérable. Ainsi, en 1914, on trouvait sur place l'École d'application du génie et d'artillerie, un bataillon du 46e régiment d'infanterie, le 5e escadron du train des équipages et quatre batteries du 32e régiment d'artillerie. Aucune autre ville du département ne comptait autant de casernes, même pas Melun, avec le 13e dragons et un bataillon du 31e régiment d'infanterie, ni Meaux avec le 8e hussards, ni encore Coulommiers où était stationné un bataillon du 76e régiment d'infanterie, ou Provins avec le 29e dragons.

89.- Fontainebleau – 46e de ligne, corvée de pommes de terre avant 1907.

Si l'on pense que les exercices en plein air aiguisaient l'appétit de tous ces hommes, dans leur immense majorité appelés d'une vingtaine d'années, il est facile d'imaginer que les divers services d'intendance militaire implantés en Seine-et-Marne avaient fort à faire. Ils disposaient à cet effet des menus types hebdomadaires prévus dans le cadre national :

90.- Fontainebleau – camp du Bréau, les cuisines avant 1905.

Lundi

matin : soupe et bœuf, pommes au gras,
soir : soupe à l'oignon, ragoût de haricots.

Mardi

matin : soupe et bœuf, lentilles,
soir : soupe aux haricots, rôti de bœuf, riz.

Mercredi

matin : soupe et bœuf, pommes au gras,
soir : soupe aux légumes, pommes aux choux.

Jeudi

matin : soupe et bœuf, pommes au gras,
soir : soupe à l'oignon, ragoût de haricots.

Vendredi

matin : soupe maigre, lentilles,
soir : soupe aux haricots, macaronis.

Samedi

matin : soupe et bœuf, pommes au gras,
soir : soupe aux légumes, pommes aux choux.

Dimanche

matin : soupe et bœuf, pommes au gras,
soir : ragoût aux pommes, fromage.

Consistant, mais peu varié ! Aussi les comiques troupiers pouvaient chanter :

« La soup' et l' bœuf et les fayots
Ca fait du bien par où qu' ça passe ! »

Dans le même esprit, les pioupious mettaient sur les diverses sonneries des paroles se rapportant presque toutes à leur alimentation ; ainsi, sur celle *Au drapeau*

« La France est notre mère,
C'est elle qui nous nourrit
Avec des pommes de terre
Et du poisson pourri ! »

et nul n'ignore le couplet, plus irrévérencieux encore, inspiré par le *Garde-à-vous*

« C'est pas d' la soupe... »

91.- Le 76e de ligne à Fontainebleau – la soupe, vers 1906. Le 76e R.I. était caserné à Paris et à Coulommiers.

Les pommes de terres tenaient également une large place dans ce folklore, surtout à travers la participation que les troupes prenaient à leur apprêt : la corvée de pluche, qui ne durait pas plus d'un quart d'heure à chaque fois, interrompait toutes les occupations. Les hommes s'asseyaient en cercle à proximité des cuisines, se bourraient une bonne pipe et entreprenaient l'épluchage au moyen de l' « Eustache » que chacun avait sorti de sa poche...

92.- *Le cuistot*, dessin de Lucien Jonas, 1915.

Lorsque la Grande Guerre éclata, le département de Seine-et-Marne ne vit pas s'éloigner les militaires ; bien au contraire, puisque les plaines du Multien furent même un temps le théâtre des opérations pendant la bataille de la Marne. D'une manière générale le camp retranché de Paris comprenait une grande partie du territoire seine-et-marnais. Enfin, c'est par la gare de triage de Vaires que transitaient les permissionnaires venant du front ou y retournant. Il en passa douze mille au cours d'une seule nuit, celle de Noël 1917. L'installation sur place de deux cantines de la Croix-Rouge et de deux coopératives de l'Intendance permit à cette occasion de verser dans les quarts des soldats plus de quatre mille litres de soupe, et de leur distribuer le contenu de trente pièces de « pinard » supérieur et vingt quatre mille quarts de café.

93.- Lagny-sur-Marne – hôpital auxiliaire 202 A.D.F. (Association des Dames Françaises) le réfectoire, vers 1915-1916. Cet hôpital auxiliaire était installé dans le pensionnat Saint-Laurent.

De juillet à octobre 1918, c'est même le quartier général qui se trouve implanté en Seine-et-Marne au château de Bombon près de Mormant. C'est là que le généralissime Ferdinand Foch reçut le bâton de maréchal. Avant d'évoquer la recette de prestige à laquelle fut attribué son nom, en voici deux beaucoup plus modestes, celle de la mayonnaise sans œufs ni huile et celle des oranges à la « gnôle ». La simplicité des ingrédients qu'elles mettent en œuvre s'explique par les moyens limités des cuisiniers du front. Certains d'entre eux dans cet esprit d'intense solidarité propre aux combattants et à la plupart des civils de ce temps, communiquaient leurs trouvailles, souvent fort ingénieuses, dans une rubrique du *Bulletin des Armées de la République*. Cette rubrique intitulée « L'école mutuelle des cuistots » était tenue pas le grand chef Prosper Montagné en personne.

94.- Bombon (canton de Mormant) – le 23 août 1918, le président Poincaré remet le bâton de maréchal au général Foch en présence de Georges Clemenceau.

Mayonnaise sans œufs ni huile :

« »Pour cinq hommes : mettre dans un plat une bonne cuillérée de graisse. Faites bien chauffer cette graisse et ajouter une cuillerée de farine. Remuez sur le feu de façon à saisir seulement le mélange, auquel vous ajoutez, dès qu'il est à point, du vinaigre (la quantité que vous jugerez suffisante, car cela dépend de la force du vinaigre).
« D'autre part, vous avez délayé avec de l'eau tiède, deux cuillerées de moutarde.
« Ajoutez cette moutarde au mélange. Assaisonnez de sel et de poivre et "mouvez" bien le tout pour que la sauce soit bien lisse.
« Mettez la sauce dans une assiette et laissez-la refroidir avant de la servir. »

Oranges à la « gnôle » :

« Pelez une orange, coupez-la en tranches minces de moins d un centimètre et perpendiculairement à l'axe.
« D'autre part, faites boullir un peu d'eau en y mettant la valeur d'une cuillerée à bouche de sucre en poudre (quantité pour une orange).
« Retirez l'eau du feu : ajoutez dedans de la "gnôle" en quantité plus ou moins grande selon le goût du consommateur et arrosez les oranges avec ce sirop chaud ».

Il existe une autre recette de ce temps dont l'origine fut spécifiquement seine-et-marnaise, puisque sa créatrice était la fille du percepteur de Dammarie-les-Lys, Mademoiselle Henriette Martin. Il s'agit du gâteau du poilu, sans doute imaginé, préparé et expédié à un filleul au loin, sur le front.

🕮 Gâteau du poilu :

Il est réalisé à partir de 500 grammes de farine et 400 grammes de sucre en poudre, 1/3 de litre de lait, 10 grammes de bicarbonate de soude, 2 cuillerées à soupe de rhum, un zeste d'orange et des raisins secs.

On travaille le sucre et le lait, on ajoute la farine en pluie, le bicarbonate de soude, le rhum, le zeste d'orange et les raisins secs en mélangeant doucement.

On fait cuire à four chaud pendant 40 minutes.

Enfin, pour en terminer avec ces années d'épreuves par un grand événement de l'arrière-saison de 1918, si proche de l'armistice, voici la recette du poulet farci maréchal Foch, créée par le chef de cuisine du Palais de l'Élysée, Monsieur Brossard.

🕮 Poulet farci maréchal Foch :

« Ayez un bon poulet de Bresse. Videz et flambez, fendez-le dans sa longueur par la carcasse, laissez les blancs intacts, poivrez, salez l'intérieur en ajoutant quelques gouttes de bon cognac. Ceci fait préparez votre farce.

« Farce aromat1sée : pour un poulet moyen ; 150 grammes de porc frais, 150 grammes de blanc de veau, 150 grammes de champignons frais, 2 belles truffes, quelques olives vertes tournées, 2 œufs, une échalote. une petite gousse d'ail, persil.

« Épluchez les truffes et les champignons, laissez les têtes entières, faire cuire les champignons dans un peu d'eau, sel, beurre, un jus de citron ; passez les truffes au feu dans un verre de madère. Hachez le tout ensemble, porc, veau, épices, les épluchures de truffes et champignons. À part, vous réduirez en poudre un soupçon de thym, laurier, une feuille de sauge et une pointe de muscade. Saupoudrez-en la farce, en mélangeant ajoutez les 2 œufs, un verre de cognac, complétez l'assaisonnement s'il y a lieu après avoir goûté.

95.- Ferdinand Foch, maréchal de France (1851-1929).

« Au moment de faire farcir le poulet, vous placerez au milieu de votre farce les truffes coupées en dés, les têtes des champignons et olives, formez-en une boule dont vous garnirez l'intérieur du poulet, ligaturez l'ouverture afin que la farce ne puisse sortir.

« Cuisson ; Mettez un bon morceau de beurre frais dans une cocotte en fonte, quelques petits oignons, une carotte coupée en 4, une demi-douzaine de lardons maigres, mettez votre poulet, faites-le revenir très doucement : étant bien doré, couvrez et laissez cuire à petit feu pendant une heure environ. Servez-vous de la cuisson des truffes et champignons pour mouiller le poulet. Servez très chaud, le jus sur le poulet.

« Cette farce peut être utilisée à toute pièce à farclr. »

Les ressources d'une bonne grosse terrienne

Avec Parmentier, qui fut pharmacien militaire, nous ne quittons pas tout à fait la cuisine des casernes, qui nous avait d'ailleurs fait aborder ce chapitre des pommes de terre à travers la corvée de pluches. Surtout, nous restons au cœur du pays briard, puisque ce bienfaiteur du soldat... et du gastronome eut une résidence à Chaumes-en-Brie, demeurée intacte à ce jour et comportant son effigie sur la façade.

C'est pendant sa captivité en Westphalie au cours de la guerre de Sept Ans qu'Antoine-Augustin Parmentier découvrit la valeur nutritive des tubercules dont les paysans allemands, sous le nom de « Kartoffel », faisaient une consommation courante.

En France, des préjugés tenaces et très répandus dans les campagnes limitaient l'usage des « tartoufles », comme on disait alors, sous forme de farine mélangée à celle de seigle et de froment

Rendu à la liberté et devenu apothicaire puis pharmacien en chef aux Invalides, Parmentier employa sa science, son énergie et sa persuasion à démontrer que non seulement la pomme de terre ne provoquait ni la lèpre ni les écrouelles, mais encore qu'elle apportait la meilleure solution à la disette.

96.- Parmentier, né en 1737, importe en France la pomme de terre en 1785, meurt en 1813. Image de récompense scolaire, 1883.

Il convainquit Buffon, Condorcet, Lavoisier, Franklin, Voltaire, Turgot, et c'est finalement l'intervention du roi Louis XVI qui permit le triomphe du savant. Dans la plaine de Grenelle (l'actuel Champs-de-Mars), un terrain fut concédé à ce dernier aux fins de culture. Pour valoriser la pomme de terre dans l'esprit de la population encore réticente, les autorités firent garder ce champ nuit et jour par la troupe, avec l'ordre exprès de ne pas tirer sur les voleurs éventuels. C'est le nombre de ces chapardeurs ainsi incités et souhaités qui assura au légume jusqu'alors décrié sa réputation dans un pays où il avait tant d'avenir. Dans le même temps, il en fut servi à la table royale, et Parmentier organisa un banquet gigantesque dont le menu, de l'entrée au dessert, était entièrement composé de mets à base de pomme de terre.

À partir de ce moment, les qualités de celle-ci ne furent plus ni contestées ni dénigrées, sauf à l'occasion d'un scrutin municipal dans lequel Parmentier était candidat. L'un des électeurs s'opposa violemment à lui en proférant ces paroles : *« Il ne nous fera manger que des pommes de terre, c'est lui qui les a inventées »*.

97.- Chaumes-en-Brie (canton de Tournan) – villa Parmentier avant 1903.

Cet esprit chagrin n'empêcha pas l'« *invention* » de Parmentier de poursuivre sa carrière en toutes circonstances, des bivouacs et pique-niques avec les pommes de terre en robe des champs (et non en robe de chambre !), aux grands dîners d'apparat avec les pommes de terre château, pommes de terre royale, dauphine, duchesse, marquise ou même pommes de terre ritz, en passant par les pommes de terre bonne-femme, boulangère, ménagère, maitre-d'hôtel, villageoise ou paysanne ; comme en tous lieux avec les pommes de terre à la berrichonne, à la flamande, à l'alsacienne, à la provençale, à la bretonne, à la parisienne, à la savoyarde, à la normande, à la lyonnaise ou la dauphinoise, ces dernières les plus connues.

À défaut de pommes de terre à la briarde, et le souvenir du promoteur de ce mets étant directement lié à une localité seine-et-marnaise, cette évocation sera illustrée par des recettes portant le nom de Parmentier, comme le fameux hachis qui n'est pas sans ressemblance avec le hachis de viande aux pommes de terre servi autrefois au cours des veillées d'accli.

Hachis Parmentier :

Hachez un morceau de bœuf braisé ou bouilli.
Faites revenir à la sauteuse dans du beurre 3 oignons hachés, poudrez de farine, faites blondir et mouillez d'un peu de bouillon de pot-au-feu.
Faites cuire pendant 1/4 d'heure.
Laissez refroidir, puis ajoutez le bœuf et mélangez.
Dans un plat à gratin beurré, étalez le hachis de bœuf aux oignons. Recouvrez d'une couche de purée de pommes de terre, parsemez de chapelure et arrosez de beurre fondu.
Faites gratiner à four chaud pendant 1/4 d'heure.

Pommes de terre Parmentier :

Coupez des pommes de terre en petits dés. Faites les revenir à la sauteuse dans du beurre, sur tous les côtés.
Ajoutez de la ciboulette hachée. Remuez. Salez. Servez.

🕮 Œufs sur le plat Parmentier :

Coupez des pommes de terre en petits dés et faites-les rissoler.
Prenez des petits plats individuels allant au feu.
Beurrez-les et garnissez-les avec les pommes de terre, puis ajoutez dans chaque plat le contenu de deux œufs.
Faites cuire à l'air libre.

🕮 Galette de pommes de terre :

Faites cuire au four des pommes de terre pendant 40 minutes.
Retirez la peau et mélangez la pulpe avec du jaune d'œuf (1 par 100 grammes de pommes de terre).
Salez suivant le goût et la destination, c'est-à-dire un peu moins s'il s'agit d'un dessert, et dans ce cas ajoutez du sucre à raison de 30 grammes pour 100 grammes de pommes de terre, et un parfum au choix (fleur d'oranger, vanille…).
Ajoutez du beurre et pétrissez jusqu'à obtenir la consistance de pâte.
Aplatissez celle-ci et déposez-la en disque de 4 centimètres d'épaisseur sur une tôle à tarte beurrée.
Décorez avec la pointe d'un couteau et dorez à l'œuf.
Faites cuire à four chaud.

98.- Chaumes-en-Brie (canton de Tournan) – rue Parmentier, stèle commémorative, cliché R.-C. P., 23 octobre 1992.

Les avatars d'une rousse pulpeuse ...ou les différentes façons d'apprêter les carottes de Crécy.

À la lisière de la forêt de Crécy, on sent se mêler peu à peu à l'arôme humide des cèpes et des girolles un fumet plus sec, plus sucré, en un mot plus ensoleillé : nous arrivons dans le royaume potager de Dame Carotte, puisque Crécy-la-Chapelle a laissé son nom à une espèce de ces racines délectables autant que bienfaisantes.

Et tout naturellement, ce même nom s'est attaché à une recette dont elles sont la base, recette aux variantes et aux adaptations innombrables : le potage Crécy.

Cette diversité réside dans la liaison du bouillon et dans sa garniture. L'une et l'autre sont indispensables en raison de la nature peu consistante, après cuisson, des carottes, légumes particulièrement aqueux. Il convient donc de les renforcer, soit avec de la pomme de terre ou du riz mis à cuire et passés en même temps qu'elles, soit avec des croûtons de pain, de la sauce béchamel ou un roux blanc. C'est la liaison, la garniture consistant dans des éléments identiques mais cuits à part, et ajoutés au potage déjà versé dans la soupière : riz à l'eau, petits croûtons de pain frits à l'huile, dés de pommes de terre rissolés au beurre.

La possibilité d'un potage maigre, à base de bouillon de légumes où l'eau de cuisson de haricots blancs tient une large place, multiplie encore les accords que l'on peut faire chanter sur cette gamme savoureuse. En voici une quinzaine de variations :

99.- Carottes monstrueuses récoltées par René Gillis à Oisery en 1989. La cigarette donne l'échelle de ces légumes ! (cliché René Gillis)

1 - Potage Crécy au riz :

Pour cette recette, la plus élémentaire, nettoyez et émincez 12 carottes.
Faites-les fondre dans du beurre avec un oignon et le blanc d'un poireau eux aussi émincés.
Ajoutez 100 grammes de riz. Mouillez d'un litre et demi de bouillon blanc. Laissez cuire à feu doux pendant 2 heures.
Passez au tamis.
Ajoutez du beurre, de la crème ; garnir avec du riz cuit à l'eau salée ou au consommé.

2 - Potage Crécy, recette du syndicat d'initiative de Coulommiers :

« Gratter et laver 300 grammes de carottes, les couper en dés. Éplucher 250 grammes de pommes de terre.
« Mettre les légumes à l'eau froide. Porter à ébullition et laisser cuire une heure un quart.
« Faire revenir un oignon dans 20 grammes de beurre et le cuire à blanc ; l'ajouter au potage.
« Passer le potage ; rectifier l'assaisonnement.
« Servir tel quel ou verser sur des croûtons frits. »

3 - Potage Crécy selon Maurice et Germaine Constantin-Weyer :

« Vous faites rissoler dans du beurre des carottes coupées menues, un peu de navets, un peu de chou, un oignon, un peu de cerfeuil, un peu de salade et de céleri ; quand tout cela est bien cuit, vous y ajoutez du bouillon de pois, de haricots ou de lentilles. Vous passez le tout au travers d'une passoire très fine. Remettez sur le feu et servez avec des croûtons joliment dorés au beurre. »

4 - Purée Crécy, potage par Austin de Croze :

À la différence de Carême qui, nous le verrons, distinguait nettement potage Crécy et purée Crécy, Austin de Croze, le complice de Curnonsky en gastronomie, cite dans son livre *Les plats régionaux de France* la purée Crécy comme un potage. La voici transcrite avec d'autant plus de fidélité qu'elle a le mérite de trancher en faveur de Crécy-la-Chapelle la controverse possible à cause de la revendication émise par Crécy-en-Ponthieu (Somme), au cœur d'une autre région de productions maraîchères.

« Faites cuire à l'étuve, dans du beurre, huit belles carottes (les fameuses carottes de Crécy, Seine-et-Marne) émincées et un oignon coupé en très petits dés ; à mi-cuisson, mouiller à l'eau bouillante salée (un litre) ; ajouter 50 grammes de riz (Piémont ou Caroline) et laisser cuire vingt minutes. Faire un roux blond dans lequel on met carottes et riz écrasés et passés et un demi-litre de bon bouillon. Verser dans la soupière sur de petits croûtons carrés frits et quelques pluches (touffes terminales) de cerfeuil. »

100.- Delphine Chobert, la belle laitière de Crécy, en 1850, dessin de P.-L. Menon.

5 - Potage purée Crécy :

Voici, sous une appellation voisine de la précédente, une recette connue en Seine-et-Marne. Elle présente la particularité de marier le riz (comme liaison) et les croûtons de pain (comme garniture).

Épluchez et taillez en tranches minces 500 grammes de carottes et 1 oignon.
Mettez le tout à cuire dans une cocotte couverte où vous aurez préalablement fait fondre un bon morceau de beurre.
Après vingt minutes, mouillez avec 1 litre d'eau bouillante salée et versez dedans, en pluie, 50 grammes de riz.
Laissez cuire à nouveau 20 minutes. Passez le tout à l'étamine ou au tamis fin. Après cette opération, laissez séparés la purée et le jus de cuisson.
Dans une grande casserole, préparez un roux blond (une cuillerée de farine mêlée à une cuillerée de beurre fondu). Mouillez avec un demi-litre de bon bouillon, puis incorporez la

purée et le jus de cuisson passé à travers un linge fin.
Maintenez le potage ainsi obtenu au chaud et pendant ce temps préparez la garniture en faisant frire quelques croûtons et en hachant finement une branche de cerfeuil.
Disposez ensuite dans une soupière chaude les croûtons ; poudrez-les avec le cerfeuil haché.
Versez le potage et servez sans attendre.

6 - Potage Crécy selon « L'art du bien manger » :

Cet ouvrage du début du siècle, préfacé par André Theuriet, de l'Académie française, donne cette recette assez simple :

« Cuire dans 25 grammes de beurre six grosses carottes émincées, ainsi que deux oignons, mouillez avec un litre d'eau bouillante salée. Lorsque les carottes sont bien cuites, préparez un roux blanc avec une cuillerée de farine et gros comme un œuf de beurre ; y passer à travers le tamis les carottes préalablement pilées et le jus qui reste. Mouillez encore avec un litre d'eau bouillante salée dans laquelle vous avez délayé deux cuillerées à café d'extrait Liebig. Laissez bouillir le tout ensemble et servez. »

7 - Potage à la Crécy selon Alexandre Dumas :

« Ayez toutes sortes de légumes épluchés et lavés avec soin, tels que carottes, céleris, oignons en petite quantité, faites-les blanchir dans un chaudron pendant un quart d'heure ; mettez-les dans une casserole avec un bon morceau de beurre et quelques lames de jambon, passez-les sur un petit feu, mais assez de temps pour que le tout soit cuit ; alors, égouttez-le dans une passoire, pilez-le, mouillez-le avec son propre bouillon, passez-le à l'étamine pour en faire une purée, faites partir cette purée sur le feu ; qu'elle cuise deux heures ; dégraissez-la bien, mitonnez votre potage comme il est déjà énoncé et mettez votre Crécy par dessus. »

8 - Potage Crécy à l'ancienne mode :

Taillez 300 grammes de carottes. Faites-les étuver dans 40 grammes de beurre avec l'oignon finement haché.
Taillez de la mie de pain en gros dés que vous faites ensuite sécher au four.
Mettez les croûtons ainsi obtenus avec les carottes une fois leur étuvage terminé.
Ajoutez 1 litre de bouillon dégraissé, un bouquet de persil. Portez à ébullition, puis couvrez

101.- Crécy-en-Brie – hôtel des familles, vue prise du jardin, avant 1903.

et laissez cuire doucement pendant 40 minutes.
Préparez la garniture : riz, croûtons de pain ou croûtons de pommes de terre (pommes de terre sautées au beurre).
Passez le potage au tamis. Remettez la purée dans la casserole rincée. Ajoutez un demi-litre de bouillon dégraissé. Portez à nouveau à ébullition puis retirez sur le côté du feu pour faire dépouiller (c'est-à-dire clarifier par remontée de la graisse en écumant celle-ci).
Retirez du feu et ajoutez le beurre.
Passez encore une fois au tamis, en versant dans la soupière.
Ajoutez la garniture.

📖 9 - Potage Crécy à la bonne femme :

Taillez 500 grammes de carottes. Faites-les étuver dans 40 grammes de beurre. Mouillez avec 1 litre de bouillon dégraissé. Ajoutez les pommes de terre préalablement pelées, coupées en quartiers.
Portez à ébullition ; couvrez. Laissez cuire doucement et bien régulièrement jusqu'à complète cuisson des carottes, soit environ 40 minutes.
Passez au tamis et remettez la purée obtenue dans la casserole rincée ; ajoutez 1 demi-litre de bouillon dégraissé. Faites dépouiller.
Pendant ce temps, préparez la garniture de petits croûtons de pommes de terre, c'est-à-dire des pommes de terre sautées au beurre.
Au moment de servir, ajoutez hors du feu 50 grammes de beurre.
Passez encore une fois au tamis, en versant dans la soupière ; ajoutez la garniture et une forte pincée de pluches de cerfeuil.

📖 10 - Potage de purée de racines à la Crécy selon Carême :

Marc-Antoine, dit Antonin Carême (1784-1833) chef de cuisine du prince-régent d'Angleterre, des cours d'Autriche et de Russie, et surtout du prince de Talleyrand, ne dédaigna pas les carottes briardes, puisque dans son *Traité des potages français* il ne livre pas moins de trois recettes de potage Crécy, dont voici la première :

« Ratissez et lavez deux bottes de carottes nouvelles de Créci, puis vous zestez le rouge seulement, afin de ne point attaquer le cœur ; vos carottes ainsi préparées, vous les mettez dans une casserole avec du bon beurre fin, un peu de maigre de jambon, un oignon, un navet et un bouquet de poireaux et de branches de céleri ; faites roussir légèrement vos racines sur un feu modéré en les remuant de temps en temps avec la cuillère de bois, afin qu'elles se colorent également, après quoi vous y versez du consommé et les laissez mijoter pendant deux heures ; retirez alors le jambon et les racines, en ne laissant que les carottes ; égouttez la Créci dans la passoire, broyez-la dans un mortier ; puis vous la relevez dans le fond de sa cuisson pour la passer en purée par l'étamine ; joignez-y le reste du consommé à potage que vous avez préparé selon la règle ; mettez la Créci sur un feu ardent ; dès que l'ébullition a lieu, placez la casserole sur l'angle du fourneau, afin de dégraisser bien parfaitement le potage ; ajoutez une pointe de sucre pour corriger l'âcreté des racines ; lorsque la Créci est bien clarifiée vous la versez dans la soupière, et vous servez sur une assiette des petits croûtons en dés passés au beurre. »

📖 11 - Potage de riz à la Crécy selon Carême :

Il s'agit d'une variante de la recette précédente. Elle illustre une fois de plus l'alternative permise en matière de potage Crécy par la liaison avec du riz. Le processus complet n'est pas facile, mais pour ceux qui seraient tentés de la mettre à exécution, je précise que l'once, mesure de l'ancienne France, équivaut à 30,6 de nos grammes :

« Vous préparez votre Créci en suivant de tous points les procédés décrits ci-dessus, et lorsqu'elle est clarifiée, vous y mêlez quatre onces de riz Caroline lavé, blanchi et cuit dans

du consommé ; donnez un quart d'heure d'ébullition, remuez le potage et le versez dans la soupière ; servez. Vous aurez préparé le consommé selon la règle. »

12 - Potage de garbure à la Crécy selon Carême :

En troisième position, et bien qu'également à base de la même recette, celle qui vient est la plus longue et la plus complexe. Dans cette création du grand chef de l'époque Empire où se marient la Brie et le Languedoc, pays d'origine des garbures, nous remarquerons surtout une maîtrise exceptionnelle de la cuisine :

102.- Marc-Antoine Carême (1784-1833). Il fut le cuisinier de Talleyrand et de l'empereur de Russie.

« Mettez dans une marmite à potage un jarret de veau dont la crosse sera retirée, deux poules colorées à la broche et le bouillon nécessaire ; après l'avoir écumé, vous additionnerez les racines ; telles que carottes, navets, oignons, et un bouquet de poireaux et de céleri ; après cinq heures d'une légère ébullition, vous dégraissez le consommé ; puis vous en retirez les viandes, pour y mêler ensuite un blanc d'œuf battu, avec du bouillon froid, afin de le clarifier ; donnez dix minutes d'ébullition, et passez-le à la serviette ; faites-en réduire la moitié pour le rendre un peu corsé ; faites quinze ou dix-huit croûtons en cœur, comme pour salmis. Il faut en retirer toute la mie ; puis vous les faites sécher au four ; après quoi vous les laissez mijoter quelques minutes dans un plat à sauter, avec une partie du consommé réduit et une pointe de mignonnette. Vous aurez préparé une purée de carottes nouvelles, en suivant les procédés indiqués au chapitre Potage de purée de racines à la Créci ; seulement vous avez soin qu'elle soit réduite au point de vous servir pour entrée ; ensuite vous avez une soupière à fond plat, ainsi que nous l'avons indiqué pour les potages de croûtes gratinées ; vous y mettez un lit de vos croûtes de pain mitonnées au consommé ; puis vous les masquez de Créci ; ensuite vous ajoutez un lit de croûtons mitonnés, un lit de Créci ; placez la soupière sur un feu doux, afin de faire gratiner le potage, après quoi vous mettez le reste du consommé dans une casserole d'argent, que vous servez avec le potage, afin que les convives puissent en prendre eux-mêmes selon leur goût, ainsi que du fromage de Parmesan râpé, que vous servez sur une assiette. »

13 - Crécy au gras selon Jules Gouffé :

« Émincez le rouge d'une quantité de carottes de manière à en avoir 500 g tout épluchées.

« Faites blanchir à grande eau et égouttez.

« Mettez dans une casserolle 2 hectos de beurre, le blanc de 4 poireaux, 1 oignon coupé en lames et les carottes que vous avez émincées.

« Faites revenir 5 minutes dans le beurre.

« Mouillez avec 1 litre de consommé de volaille et ajoutez 1 hecto de mie de pain à potage – j'indique de lier à mie de pain de potage, je la préfère à la liaison au riz employée par plusieurs de mes confrères, parce que j'ai remarqué que la liaison au riz avait souvent l'inconvénient de former empois – Faites mijoter les légumes à feu doux, la casserole couverte, jusqu'à entière cuisson des carottes.

« Passez-les à l'étamine, puis mouillez-les avec 2 litres de consommé de volaille.

« Faites bouillir en tournant avec la cuiller de bois et laissez mijoter de nouveau pendant 1 heure sur le coin du fourneau. Ayez soin de couvrir la casserole.
« Au moment de servir, écumez et dégraissez.
« Mettez dans la soupière et servez à part de petits croûtons de pain passés au beurre. »

📖 14 - Crécy au maigre selon Jules Gouffé :

« Procédez entièrement de la même manière que pour la Crécy au gras (voir l'article précédent).
« Mouillez avec un consommé de légumes, au lieu de consommé de volailles. »

📖 15 - Potage Crécy à la briarde :

Extraite de l'*Almanach Hachette* de 1942, cette recette vient démontrer qu'en ces temps de tristesse et de pénurie, l'imagination culinaire française demeurait intégrale, comme l'espérance de jours meilleurs :

« Émincer 350 grammes de carottes fraîches (hors saison, l'on ne prend que le rouge du tour), assaisonner d'une pincée de sel et d'une forte pincée de sucre en poudre ; faire étuver avec un gros oignon haché, 15 grammes de beurre et quelques cuillerées d'eau. Quand la carotte est bien ramollie, mouiller avec 1 litre de bouillon d'os si possible (eau à défaut), faire prendre l'ébullition, ajouter 150 grammes de pommes de terre, un petit bouquet de queues de persil et cuire doucement pendant 40 minutes environ. Passer au tamis, mettre la purée au point de consistance avec un peu de bouillon ; remettre à bouillir pendant 5 à 6 minutes. Dix avant de servir, couper en petits dés 2 pommes de terre moyennes, les sauter à la poêle avec un peu de bonne graisse pour les cuire et les rissoler légèrement. Terminer le potage hors du feu, avec 25 grammes de beurre ou un peu plus, s'il se peut ; verser dans la soupière et ajouter les croûtons de pommes de terre et une cuillerée de pluches de cerfeuil. »

103.- *« Attention ! tu laisses brûler le repas »,* dessin extrait d'une revue populaire allemande de 1942.

Pour en terminer avec le potage Crécy, il convient de souligner trois principes sans lesquels il ne saurait exister en la matière de véritable réussite. Ils apparaissent au fil des pages du livre de Mme Saint-Ange, à qui nous devons d'autre part les recettes portant les numéros 8 et 9 :

- il est préférable de tailler les carottes en copeaux plutôt qu'en dés ; cela leur vaut, après étuvage, une consistance de compote beaucoup plus moelleuse ;
- l'étuvage au beurre doit se faire à feu très doux, sans que les carottes soient rissolées ;
- il faut que la garniture, ajoutée à la fin, soit brûlante.

En dehors du potage, les carottes de Crécy entrent dans la composition de plats dont le nom rappelle leur lieu d'origine. C'est le cas d'une purée, d'un poulet, d'œufs mollets, d'artichauts, de filets de sole et d'une crème moulée dite royale.

Purée de carottes à la Crécy :

Nous retrouvons ici Carême, qui distinguait potage et purée Crécy, cette dernière consistant en une préparation plus épaisse :

« Après avoir zesté le rouge de huit carottes rouges dites de Crécy, vous les lavez et les faites roussir légèrement dans du beurre clarifié sur un feu modéré en les remuant de temps en temps avec la cuillère de bois ; ensuite vous y joignez une grande cuillerée à ragoût de consommé, un peu de mie de pain à potage, un peu de beurre, de sucre, et une pointe de muscade râpée ; faites mijoter vos carottes, et, lorsqu'elles sont cuites à point, vous les faites réduire à glace, les broyez dans le mortier, et les mettez dans une casserole avec une grande cuillerée à ragoût de sauce allemande et un peu de glace de volailles ; faites bouillir la purée en la remuant, et la passez à l'étamine selon la règle ; étant prêt de servir, vous la faites ébullitionner en y joignant trois petits pains de beurre frais. »

☞ Sauce allemande : *sauce blanche réalisée avec un fond de veau ou de volaille.*

Purée Crécy - Crème Crécy :

Autre grand chef de cuisine à faire la distinction entre potage et purée Crécy, Escoffier a laissé de cette dernière la recette suivante, dont il définit en outre les dérivés :

« Émincer 5 à 6 carottes pesant 5 à 600 g, les mettre dans une casserole dans laquelle on aura fait chauffer deux cuillerées de beurre, leur joindre un oignon émincé ; les assaisonner d'une pincée de sel et d'une petite pincée de sucre en poudre. Les faire étuver quelques instants. Mouiller d'un litre de bouillon. Ajouter 125 g de riz soigneusement lavé et cuire doucement. Passer au tamis fin. Mettre la purée au point de consistance avec du bouillon bouillant et, pour terminer, lui incorporer deux cuillerées de beurre fin.
« Garniture : petits croûtons frits au beurre.
« Le potage velours se compose de deux tiers de purée Crécy et un tiers de consommé au tapioca.

104.- Crécy-en-Brie – hôtel de la Gare, maison Léon Gaudin en 1925.

« NOTA - La purée se transforme en crème Crécy en lui incorporant, au moment de servir, 2 dl de crème bouillante par litre de purée.
« On pourra, à volonté, remplacer les croûtons par quelques cuillerées de riz ou perles du Japon cuits au consommé. »

Poulet en cocotte à la Crécy :

Bridez un poulet, assaisonnez-le intérieurement de sel et de poivre, et mettez-le dans une cocotte en fonte ou en terre à feu avec 50 grammes de beurre, pour cuisson au four à chaleur moyenne.

Pendant le premier temps de cuisson, épluchez six à huit belles carottes de Crécy, émincez-les et mettez-les dans une sauteuse avec 50 grammes de beurre, 3 décilitres de bouillon, une pincée de sel et une pincée de sucre. Portez à ébullition puis laissez sur feu réduit pendant 40 minutes.

Ajoutez alors les carottes au poulet et laissez cuire le tout au four en arrosant de temps en temps avec le reste du bouillon de cuisson des carottes.

Servez dans la cocotte.

Œufs mollets à la Crécy :

Dans le même esprit, mais avec des moyens et une présentation tout à fait différents, voici cette recette facile :

Plongez les œufs dans l'eau bouillante et laissez-les 6 minutes. Retirez-les et plongez-les dans l'eau froide.

Lorsqu'il sont bien redroidis, écalez-les ; chauffez-les ensuite à l'eau salée.

Retirez-les et posez-les sur un lit de carottes de Crécy, émincées et cuites comme pour le poulet en cocotte à la Crécy.

Préparez une sauce à base d'un roux blond (beurre, farine) assaisonné de poivre, sel et muscade, lié avec du fromage râpé puis mouillé d'un peu de lait.

Nappez-en les œufs mollets, poudrez de fromage râpé et faites gratiner pendant un quart d'heure à four chaud.

105.- Crécy-en-Brie – hôtel des familles, vers 1920.

Artichauts Crécy :

Parez une douzaine d'artichauts nouveaux de la plus petite taille possible et posez-les au fond d'une sauteuse enduite d'une épaisse couche de beurre.

Tournez 750 grammes de petites carottes nouvelles et ajoutez-les dans la sauteuse. Salez ; ajoutez une pincée de sucre. Mouillez de 4 cuillerées d'eau, couvrez et faites cuire à petit bouillon pendant 40 minutes.

Retirez du feu et ajoutez une cuillerée à soupe de beurre. Servez.

Filets de sole Crécy :

Pliez des filets de sole et faites-les pocher pendant 5 minutes dans du fumet de poisson. Égouttez-les et dressez-les sur un plat.

Passez le fond de cuisson au tamis et faites-le réduire à feu doux. Ajoutez 2 cuillerées à soupe de béchamel et 2 cuillerées à soupe de purée de carottes.

Remuez bien, à chaud mais sans faire bouillir. Nappez avec cette sauce les filets, et ajoutez une garniture de petites carottes nouvelles glacées.

106.- Crécy-en-Brie – le marché avant 1905.

Royale de carottes à la Crécy :

La royale est une crème moulée, qui peut être débitée en petits dés, étoiles ou losanges servant à garnir les potages clairs.
Faites cuire à feu doux, au beurre, 150 grammes de pulpe de carottes avec un peu de sel et une pincée de sucre.
Ajoutez 4 cuillerées de béchamel et autant de crème.
Passez au tamis.
Liez avec 8 jaunes d'œufs.
Mettez dans des moules et faites cuire au bain-marie pendant 30 minutes.

Les talents d'une brune piquante... ou quelques utilisations de la moutarde de Meaux

Insensiblement, notre promenade aux potagers de Crécy nous a rapprochés de Meaux. Cette ville n'a-t-elle pas, elle aussi, donné son nom à une variété de carottes, les « longues et lisses de Meaux », bien connues des jardiniers ? Elle l'a également donné à un cornichon, le « fin de Meaux », et d'une plate-bande à une autre, nous avons pénétré dans le domaine des condiments.

107.- Meaux – un jour de marché vers 1907.

La cité de Bossuet y brille particulièrement, puisqu'elle associe également son nom à une moutarde, dont un dignitaire du chapitre de Saint-Étienne transmit la recette à Jean-Baptiste Pommery, en 1760. Depuis Louis XIII, elle était présente sur la table des rois de France. Plus tard, Brillat-Savarin lui décerna le titre de moutarde des gourmets.

Dans les années 1920, les successeurs de J.-B. Pommery surent faire preuve de leur adaptation aux méthodes en mutation des anciennes « réclames ».

Voici, extraite de l'édition du 24 novembre 1928 du *Journal de Seine-et-Marne* une « *recette express de la saison* », le céleri à la rémoulade, qui démontre que les prédécesseurs de nos publicitaires savaient à l'occasion manier l'alexandrin :

🕮 Céleri à la rémoulade :

« Prenez un bon couteau : coupez du céleri
On peut s'en procurer à des prix fort modiques
Madame ; c'est un plat des plus économiques. -
Macérez dans ce jus : moutarde Pommery
Et vinaigre ; sans plus. C'est toute ma recette.
Remuez et servez. Monsieur votre mari
Y prendra goût, Madame, et videra l'assiette. »

Quelques mois plus tard, le 23 février 1929, sous le titre

« Parfois je me mêle de
faire à notre cité
de la publicité »

on trouve ces autres vers :

« Je m'y forçais en vain sur certain personnage
Qui déniait à nos murs tout plaisant avantage
Quand il vient à goûter la "Moutarde de Meaux"
La noble Pommery !
À ce mot il sourit,
Se tut, se recueillit, et ne dit qu'un mot :
"Tu m'emmeldes " ! »

Cette veine lyrique dura pendant tout l'avant-guerre, puisqu'en 1935 des poèmes plus longs encore, dont la chute vantait immanquablement la moutarde Pommery, en se référant soit aux grandes dates du calendrier, (Épiphanie, Pâques...), soit même à l'actualité du moment, internationale souvent (conflit italo-éthiopien, conférence de Stresa...) mais souvent aussi régionale.

Ce fut le cas à propos d'un procès, qui eut d'ailleurs un retentissement dans toute la France puisqu'il concernait le souvenir d'une gloire nationale, le peintre Millet, qui avait habité à Barbizon. Il était reproché à son petit-fils d'avoir fait passer certaines de ses toiles personnelles pour des œuvres de son illustre grand-père... Voici les quatrains que l'affaire inspira, concuremment avec la moutarde de Meaux :

Faussaires

« Cette affaire de vieux tableaux
N'est-elle point divertissante
Qui, précisément, se présente
Aux juges de Fontainebleau ?

« La question n'est que de boutique.
On peut, quand on est né Millet
Signer sur toiles, ou sur billet
Le nom d'un grand-père authentique.

« Que sept ou huit experts aient pris
Le petit-fils pour son ancêtre,
On peut en "rigoler", - peut-être ;
Ce n'est que de l'art mal compris.

Mais le plus subtil des faussaires
N'aura jamais assez d'esprit
Pour imiter le goût sincère
De la moutarde Pommery ».

108.- Publicité pour la Moutarde de Meaux en 1929. D'après Brillat-Savarin, c'était la moutarde des gourmets.

Voici deux autres recettes qui mettent à contribution cette moutarde brune ambrée aux aromates grossièrement concassés :

🕮 Harengs frais à la moutarde de Meaux :

« Pas une queue de hareng ! » dit le proverbe pour exprimer une pénurie totale ou une économie complète. Grimod de la Reynière, plus déférent envers cet habitué des mers

froides, affirmait que l'on ferait certainement plus de cas du hareng *« s'il était moins commun et plus cher »*.

Comme l'auteur de la *Physiologie du goût :*

Choisissez ce poisson « laité, ferme au toucher, les ouïes sanguinolentes, l'écaille argentée, l'œil ressorti de la tête et le corps plus court que long ».

Prenez-en dans la quantité qui vous convient, videz-les et nettoyez-les.

Mettez-les à cuire sur le grill en ayant soin de beurrer celui-ci pour qu'il n'attache pas.

Versez ensuite les harengs très chauds sur un plat avec une sauce liée sur feu doux à partir des éléments suivants (quantités pour un hareng) :

un morceau de beurre,
une cuillerée de bouillon,
une pincée de farine,
du sel,
une cuillerée de moutarde de Meaux.

Pour adoucir les effets de ce plat qui ne manque pas de tempérament, servez-le avec une garniture délibérément neutre, voire un peu fade, comme des pâtes fraîches sans accommodage : le hareng à la moutarde et les nouilles blanches sont l'un des couples inséparables de la cuisine ménagère française.

🕮 Lapin à la moutarde de Meaux :

Voici une recette qui convient aux moutardes brunes dont fait partie celle de Meaux. Elle peut s'appliquer à un lapin d'élevage ou de garenne, voire même à un lièvre :

Badigeonnez l'extérieur du lapin dépouillé et apprêté avec une forte couche de moutarde de Meaux ; enveloppez ensuite le lapin de deux bardes de lard minces fixées par un ficelage ; arrosez-le de beurre fondu et faites-le rôtir au four, avec un temps de cuisson à raison de 20 minutes par livre.

109.- Meaux – *Au port du Havre* vers 1912. S'il n'est pas certain que cette épicerie vendait des harengs saurs, on devait y trouver de la moutarde de Meaux.

110.- Carte postale publicitaire pour la moutarde de Meaux vers 1930.

La spécialité oubliée d'une vieille cité

Après le lapin à la moutarde, on pourrait terminer un déjeuner meldois avec une vieille spécialité de la ville, tombée dans l'oubli, le soufflé à la vanille, en ayant intercalé entre les deux, comme il se doit, une belle portion de brie de Meaux.

📖 Soufflé à la vanille :

Faites bouillir 1/2 litre de lait avec 150 g de sucre et une gousse de vanille. Retirez du feu et laissez refroidir.
Délayez à part 2 cuillerées de fécule avec une cuillerée d'eau et versez doucement ce mélange dans le lait sucré et vanillé.
Remettez la préparation sur feu vif et remuez jusqu'à obtenir une pâte épaisse. Laissez refroidir.
Ajoutez 4 jaunes d'œufs, puis 4 blancs battus en neige, mélangez doucement à la spatule.
Versez ensuite dans une terrine, à demi-bord car la cuisson fait prendre du volume à la pâte.
Faites cuire pendant 20 minutes en évitant d'ouvrir la porte du four.

Les tournedos de Villeparisis

Avant de prêter son nom à un personnage proustien (la vieille marquise amie de la grand-mère du narrateur dans *À la recherche du temps perdu*), Villeparisis était entré dans l'histoire des lettres avec un grand romancier : Honoré de Balzac. Celui-ci n'écrivit rien au sujet de cette petite ville, mais il y séjourna, à l'âge de vingt-deux ans, chez ses parents qui s'y étaient retirés, en bordure de la route de Paris. À l'autre extrémité, du côté de Meaux, demeurait avec son mari et leurs enfants Mme de Berny, une femme d'âge mûr. C'est elle, Laure, qui devint le premier amour du jeune homme, celle qu'il surnomma « la Dilecta ».

111.- Villeparisis – rue de Meaux avant 1914. À gauche, l'ancienne propriété de Berny, démolie en 1962.

Mais pendant les six années de leur liaison, elle devait se mesurer à plusieurs rivales dont la dernière, Mme Hanska, épousa finalement Honoré. Laure s'était déjà effacée, essayant d'oublier à la Bouleaunière, dans la vallée du Loing, cette séparation en douceur à défaut d'être sans douleur…

Comme si le hasard, *« le plus grand de tous les artistes »*, selon Balzac lui-même, avait voulu évoquer cette rupture, les pages du lexique de cuisine publié par le chef viennois Richard Hering ont fait figurer recto-verso et qui plus est à propos de recettes de tournedos, les noms de Balzac et de Mme de Berny. Ce sont elles que nous citerons pour illustrer la localité seine-et-marnaise dont le nom reste attaché à leur souvenir commun :

112.- Honoré de Balzac (1799-1830).

📖 Tournedos à la Balzac :

Ils consistent en des tranches de filets de bœuf couvertes de quenelles de volailles elles-mêmes entourées d'olives fourrées à la mousse de gibier et nappées d'une sauce chasseur.

☞ Sauce chasseur : *c'est une préparation à base de beurre, de vin blanc et de mousse de tomates, garnie de champignons et relevée aux échalotes, à l'estragon et au cerfeuil.*

📖 Tournedos à la Berny :

Les tranches de filet, cuites à l'huile, sont posées sur des pommes de terre à la Berny, recouvertes de tranches de truffes et servies avec une sauce poivrade.

☞ Pommes de terre à la Berny : *elles consistent en une purée de pommes de terre à laquelle sont incorporées des truffes et un œuf battu, et couvertes d'une couche d'amandes pilées, puis passée au four.*

Les sucres d'orge des religieuses de Moret-sur-Loing

Le couvent de Moret connut la célébrité au XVIIe siècle pour sa mauresse, dont la tête se retrouve dans les armoiries de la ville. Il la connut plus durablement pour les sucres d'orge préparés en grand secret par ses religieuses.

En les dispersant, la Révolution porta un coup fatal à cette sympathique industrie, jusqu'à ce que Napoléon, qui se souvenait de leurs friandises, s'avisât un jour d'en demander. Le branle-bas suscité dans Moret pour satisfaire la gourmandise impériale aboutit à la découverte non pas de sucres d'orge, qui n'existaient plus dans le commerce, mais d'une ancienne religieuse qui avait conservé la recette. Elle consentit à approvisionner l'Empereur des Français, qui lui en fut reconnaissant.

Sa joie devait être de courte durée car la religieuse, qui était âgée, ne tarda pas à décéder, et il fallut se mettre en quête d'une autre source d'approvisionnement. Il ne s'en trouvait plus, et les investigations ne permirent de découvrir qu'une autre vieille personne, Mlle Berault, en qui l'on vit la dernière dépositaire de la formule.

Mais elle avait simplement, dans sa jeunesse, travaillé à la journée à manier la matière première dans le laboratoire des sœurs. Faute d'initiation à leur secret, ses souvenirs se rapportaient à des éléments incomplets et des opérations fragmentaires. Sur ces bases imprécises, le maire de Moret, M. Desmarais, qui avait autrefois exercé le négoce des produits coloniaux, multiplia les tentatives dans un atelier installé dans sa propre maison.

113.- Moret-sur-Loing – vieille maison (sucre d'orge des religieuses de Moret) avant 1914.

Il lui fallut beaucoup de temps pour retrouver la recette exacte, car la chronique nous apprend que c'est en 1853 seulement qu'il la transmit à la communauté qui avait été réintégrée dans le couvent. Napoléon III régnait alors sur la France, et, depuis son oncle, la Restauration, la monarchie de Juillet et la Deuxième République s'étaient succédées au gré des révolutions et d'autres événements. J'ignore si tous les chefs d'État de ces régimes se faisaient à leur tour envoyer du sucre d'orge, mais ce qui est certain c'est que celui-ci avait résisté aux vicissitudes de l'Histoire.

Lagny-sur-Marne, du prix de certaine céréale à la gastronomie impériale... au berceau

De Moret-sur-Loing à Lagny-sur-Marne, combien serait tentante la transition de sucre d'orge en « *Combien vaut l'orge ?* », si cette dernière question n'avait pas été proscrite pendant des siècles dans la ville des Cinq-Pignons. Pleine d'ironie à l'encontre de ses habitants, cette interrogation provoquait leur colère en leur rappelant les origines illégitimes, ou en tout cas entachées de doute, de certaines de leurs souches familiales.

114.- Lagny-sur-Marne – la place du Marché, les cinq pignons avant 1911.

Elle trouvait son origine au jour où le maréchal de Lorge, assiègeant la ville en 1544, et furieux de s'être vu ridiculisé par le jet de sac d'orge du haut des remparts, avait après la prise permis à ses troupes, sur la gent féminine locale, des assauts d'une autre nature.

Au rappel de cet événement, la population locale réagissait avec violence, n'hésitant pas à faire prendre aux malveillants un bain forcé dans la fontaine.

Mais l'orge servant à faire de la bouillie, les Latignaciens auraient pu trouver, à trois siècles d'écart, une revanche méritée et plus pacifique. Car en 1815, dans une jolie maison située sur la côte Saint-Laurent, s'installait une certaine baronne Auchard, dont le principal titre de gloire était d'avoir servi de nourrice au Roi de Rome.

Curieusement, la propriété semblait avoir vocation, sinon à l'allaitement de la jeunesse, du moins à son éducation, puisqu'elle devint ultérieurement, et demeure aujourd'hui, le siège du pensionnat Saint-Laurent.

115.- Le Roi de Rome dans les bras de Madame Auchard, sa nourrice en 1811, gravure de l'époque.

Peut-être Marie-Victoire-Joséphine Auchard préparait-elle au nourrisson impérial cette « bouillie du Roi de Rome » passée dans la tradition culinaire ?

Mais nous examinerons plutôt des friandises nommées « Aiglons », figurant au recueil de *La Haute Cuisine Française*, avant de sortir de la ville avec en tête son inévitable et interrogateur surnom, matérialisé par le potage à l'orge perlé ; vous pourrez toujours, si vous vous procurez sur place la matière première, en faire l'emplette sans en demander le prix.

Aiglons :

Détrempez 125 grammes de farine avec 75 grammes de beurre, 5 cuillerées à bouche de crème double, 60 grammes de sucre en poudre, un œuf et 2,5 grammes de sel.
Fraisez la pâte, laissez-la reposer au frais.
Divisez-la en morceaux de la grosseur d'une noix que vous allongerez en bâtonnets de 15 centimètres de longueur et du calibre d'un crayon.
Posez sur une plaque beurrée, dorez à l'œuf à deux reprises. Cuisez à four chaud 10 à 12 minutes.

Potage à l'orge perlé :

Faites fondre dans une casserole 60 grammes de beurre et jetez dedans 150 grammes d'orge perlé bien propre.
Laissez cuire à feu modéré sans cesser de remuer pour éviter que l'orge prenne couleur.
Après deux minutes, versez 2 litres de bouillon peu salé.
Laissez cuire très doucement pendant deux heures. Ecumez puis retirez du feu.
Liez avec trois jaunes d'œufs battus dans un peu de crème fraîche et de beurre.
Ajoutez une pincée de muscade râpée. Servez.

116.- Lagny-sur-Marne – la cuisine de l'hôpital-hospice.

La gourmandise des filles de Pomponne

Aujourd'hui partie intégrante de l'agglomération de Lagny-sur-Marne, l'ancien village de Pomponne resta longtemps prédestiné à susciter la verve des chansonniers du temps jadis. Dans leurs compositions, peut-être en raison du souvenir d'une forte personnalité en charge de la paroisse, on retrouve constamment mention du curé de Pomponne. C'est le cas dans la chanson la plus connue, que reprenaient en chœur les voyageurs obligés de descendre de la diligence dans la côte, aujourd'hui bien aplanie, de l'église. Ses couplets comportaient maintes allusions à la légèreté que l'on prêtait aux filles du cru. Mais il était une autre chanson, également passée dans le folklore de la Brie, qui dénonçait leur faiblesse pour la pomme, fruit défendu :

« Ève est la première personne
Qui le goûta ; son bonheur fut perdu.
Cet exemple, sans doute, eût dû
Contenir l'appétit des filles de Pomponne ;
Mais c'est en vain que le curé
Les tança de leur gourmandise.
Hélas ! On a beau faire, il est trop avéré
Qu'on ne peut empêcher que ce fruit ne séduise :
Aussi ! toujours le diable en a dans ses fruitiers.
Du désir d'en manger en vain le sexe endève ;
Le moyen de n'avoir plus d'Ève,
C'est de supprimer les pommiers. »

Mais les pommiers ne devaient pas être supprimés à Pomponne, pas plus que les autres arbres fruitiers. La localité donna même son nom à une variété de pêches, que nous retrouverons un peu plus loin après qu'elles soient passées, en compagnie des poires de Monsieur Arnauld de Pomponne, de la tradition populaire à la table des châteaux.

Sur la quasi-totalité du territoire de l'ancienne Brie, les pommes ont été récoltées en abondance, et utilisées dans la fabrication du cidre, ainsi qu'en pâtisserie, avec les « casse-musiau » déjà évoqués.

117.- Pomponne (canton de Lagny) – le château, vue d'ensemble sur les parterres.

Gérard de Nerval et le pâtissier de Dammartin-en-Goële

118.- Gérard Labrunie dit Gérard de Nerval (1808-1855), photographié par Nadar, 1855.

Voyageur romantique et bibliophile inspiré, amoureux de femmes inaccessibles et de livres introuvables, Gérard de Nerval a inclus dans ses incessantes pérégrinations sentimentales le pays de son enfance, aux confins du Valois et de la Goële. Entre Ermenonville et Othis, l'abbaye de Chaalis et le château de Montméliant, il connaissait tous les sentiers de traverse en sous-bois, et ses pages les retracent au rythme des battements de son cœur, à la rencontre de Sylvie ou d'Angélique comme à la découverte d'un grimoire oublié.

Mais un appétit bien aiguisé demeure inséparable de cette errance bohème et de cette curiosité intellectuelle. En compagnie de Sylvie, il a humé le « parfum patriarcal » de la soupe à l'oignon à Loisy, pays du père Dodu, vieux bûcheron habile à façonner les tournebroches. Nous voilà donc à bien des égards dans l'univers de la cuisine, tout en nous trouvant encore dans l'Oise. Mais avec « le grand frisé », que Sylvie épouse finalement, nous revenons en Seine-et-Marne, puisque cet ami d'enfance du narrateur est pâtissier à Dammartin. C'est lui qui s'occupe du déjeuner lorsque le promeneur mélancolique va leur rendre visite. Il est regrettable que l'auteur ne précise pas s'il préparait les « goliots » spécialités sucrées de Dammartin.

Dans *Les Nuits d'Octobre*, dont le sous-titre est *Paris-Pantin-Meaux*, Nerval avait reconnu au départ de cet itinéraire l'ouvrage des rôtisseurs, dans le voisinage des anciennes halles. Mais sur les rives meldoises, où il est venu voir l'aurore se lever sur la Marne, c'est l'odeur du café qu'il attend, avant l'heure du petit déjeuner. Mystérieuse alchimie de la poésie, du voyage et des parfums de la gourmandise...

La recette de la soupe à l'oignon et celle des petits pots de crème au café illustreront successivement le souvenir de ces effluves, avant d'en terminer de manière plus typique avec les « goliots ».

Soupe à l'oignon :

Faites revenir dans un peu de beurre 250 grammes d'oignons émincés finement. Aux premières couleurs, poudrez avec 25 grammes de farine et faites cuire le mélange en le remuant à la spatule.
Mouillez avec 2 litres de consommé blanc (bouillon de bœuf maigre aux poireaux, carottes, navets et céleris) et aromatisez avec 2 cuillerées à soupe de madère.
Faites cuire pendant 30 minutes à feu doux
Pendant ce temps, faites sécher au four de fines tranches de pain de campagne, puis disposez-les au fond d'une soupière.
Versez dessus la soupe bien chaude.

119.- Dammartin-en-Goële – bonnet en mousseline brodée, collection des Petits Chanteurs de Dampmart, avant 1939.

🕮 Petits pots de crème au café :

Il s'agit d'une recette de Jules Gouffé (1807-1877) contemporain de Gérard de Nerval.

« 12 pots,
« 6 pots de lait,
« 10 jaunes d'œufs,
« 60 grammes de sucre en poudre,
« 2 pots de café très fort,
« 1 pincée de sel.

« Mettez dans une terrine les jaunes, le sucre, le café, le sel et le lait après l'avoir fait bouillir (précaution qu'il faut prendre lorsqu'on emploie crème ou lait).
« Battez le tout avec le fouet.
« Passez au tamis.
« Mettez de l'eau dans une casserole plate.
« Faites-la bouillir.
« Sitôt qu'elle bout, remplissez les pots.
« Mettez la casserole sur feu doux, car, pour bien faire ces petits pots, il faut que l'eau frémisse sans bouillir.
« Mettez les pots dans la casserole.
« Couvrez la casserole d'un couvercle et mettez du feu dessus.
« Lorsque la crème est prise, on retire du feu et on laisse les pots refroidir dans l'eau.
« Lorsqu'ils sont froids, on nettoie les pots, on les dresse sur un plat et on les sert. »

🕮 Goliot :

Ressemblant assez au « casse-musiau » du plateau briard, cette pâtisserie porte un nom qui dérive plus probablement de Goële que de gueule. Elle a été tirée de l'oubli récemment à l'occasion de la Fête de la pomme, un pâtissier local, lointain successeur du « Grand Frisé », l'ayant réalisé en pâte feuilletée.

Épluchez et videz une pomme, de préférence d'une variété sucrée comme les « starking » ou les « granny ».
Faites la revenir sur tous les côtés dans du beurre à la poêle, jusqu'à ce qu'elle commence de se caraméliser.
Enrobez-la de pâte (feuilletée ou non), et mettez-la cuire au four.

120.- Dammartin-en-Goële – quartier de la Porte-Paris en 1899.

Égreville : un souper d'opéra... à la campagne

121.- Égreville (canton de Lorrez-le-Bocage) – le château, ancienne résidence de la duchesse d'Étampes, avant 1918.

Cette flânerie commencée en musique aux portes de Seine-et-Marne se terminera de même sur son territoire, et non loin de son extrême pointe méridionale. Égreville, entre Bransles et Lorrez-le-Bocage, conserve le souvenir de Jules Massenet, dans une grande maison où il venait passer les étés, et qui appartient encore à sa descendance.

À cet auteur de vingt-cinq opéras, on doit d'inoubliables pages mélodiques, qui sont autant de portraits de femmes : *Manon, Thaïs, Sapho*...

La grande cuisine avait consacré le compositeur et l'œuvre, en cette fin de XIXe siècle follement éprise d'art lyrique. En son honneur furent créés une crème de légumes, des œufs, des tournedos et un filet de bœuf « à la Massenet », et des petits pâtés, une sole, une salade et un gâteau « Manon ».

Massenet fut sous ce rapport le plus cité des musiciens européens, ne le cédant qu'à l'Italien Verdi. De même le répertoire français, pris dans son ensemble, vient après le Transalpin, puisque la sole Mignon, le suprême de volaille Carmen, les tournedos Sigurd, les œufs Lakmé et les poires Mireille composeraient un menu moins copieux que le potage Rigoletto, les barquettes de thon Norma, l'omble chevalier Traviata, la selle de veau Tosca, le tournedos Othello, les œufs Turandot et le soufflé aux fruits Aïda ; il devance toutefois celui d'outre-Rhin, l'opéra allemand n'étant guère représenté que par les œufs Rienzi, le chevreuil Walkyrie et la non moins wagnérienne poularde Parsival.

Les interprètes n'ont pas été oubliés, puisqu'après la soupe aux cailles Jenny Lind, les œufs à la Malibran et la salade Caruso, on trouve au moment des douceurs les coupes glacées Emma Calvé, les fraises à la Patti, les poires Mary Garden et les célèbres pêches Melba, dont la présentation au grand froid n'est peut-être pas toujours en conformité avec les ménagements dus aux cordes vocales...

Mais quittons les grandes salles lyriques et leurs coulisses pour revenir à la sérénité d'Égreville, avec les œufs Massenet, le filet de bœuf Massenet et les petits pâtés Manon.

Œufs Massenet :

Battez les œufs et incorporez-leur des cœurs d'artichauts hachés fins. Disposez cette préparation sur des barquettes faites de pommes de terre coupées en deux, évidées et préalablement cuites à la vapeur. Masquez avec un mélange de consommé velours (un quart de mousse de carottes pour trois quarts de bouillon au tapioca) et de mousse de haricots verts.

Filet de bœuf Massenet : Filet de bœuf Massenet

Le filet de bœuf est rôti au four, entouré de haricots verts et de cœurs d'artichauts garnis de moelle de bœuf ; servir avec des pommes de terre Anna et une sauce madère.

☞ Pommes de terre Anna : *les pommes de terre sont épluchées, émincées et salées, puis disposées comme suit dans une sauteuse : sur 100 grammes de beurre étendu, 50 grammes de pommes de terre puis 50 grammes de beurre étendu, puis encore 50 grammes de pommes de terre ; il faut faire cuire à l'étouffée pendant un quart d'heure, retourner la préparation, au besoin en l'ayant coupée en quarts comme un gâteau, et la faire cuire de l'autre côté pendant 10 minutes. On reconstitue l'ensemble, s'il a dû être coupé.*

122.- Jules Massenet (1842-1912), image-prime de la biscuiterie LU, vers 1905.

Petits pâtés Manon :

Ils sont fourrés d'une farce à la viande de veau et à la langue fumée liée par une sauce madère.

3

Les tables des châteaux

123.- Vaux-sur-Lunain (canton de Lorrez-le-Bocage) – Villeniard, château du comte de Mérode, la salle à manger, avant 1914.

En remontant la Marne : des abbesses de Chelles aux abbesses de Jouarre

Ne serait-elle pas consacrée plutôt aux couvents qu'aux châteaux, cette première promenade promise dans le passé seigneurial de la Brie, pour se voir ainsi assigner comme bornes deux grandes communautés de religieuses ? Non pas, car entre ces deux termes monastiques s'intercale une suite impressionnante de demeures marquées principalement par les souvenirs de nombreuses favorites royales, et aussi par ceux d'austères magistrats et de fastueux ploutocrates.

124.- Jouarre (canton de La Ferté-sous-Jouarre) – l'abbaye bénédictine, grille du chœur et chœur des moniales vers 1935.

À la table des abbesses de Chelles

Il peut paraître surprenant que cette remontée de la Marne, jalonnée de favorites, conduise à évoquer d'abord l'ancienne abbaye de Chelles, retraite de pieuses moniales.

Mais la géographie et l'histoire se conjuguent dans ce rapprochement incongru : en venant de Paris, Chelles est, après Gagny et en face de Gournay, la première ville, sinon vraiment briarde, du moins seine-et-marnaise. Il faut donc commencer cette évocation des châteaux par elle, dont la plus noble demeure fut pendant plus d'un millénaire la célèbre abbaye de bénédictines.

Abbaye de Chelles, fondée en 652, détruite en 1793.

125.- Chelles – l'abbaye avant la Révolution. De nos jours, il ne reste plus grand chose de ce qui fut l'une des plus célèbres et plus anciennes abbayes de France.

La Révolution n'en laissa subsister que des ruines longtemps imposantes, mais au temps de sa splendeur, elle avait vu se succéder à sa tête des abbesses presque toutes issues de sang royal, ou à tout le moins bien en cour, fût-ce par la main gauche.

C'était précisément le cas de Catherine de Scoraille de Roussille de Fontanges, religieuse de Faremoutiers nommée en 1680 par Louis XIV, alors épris de sa sœur Angélique. Cette dernière, après s'être brûlée aux feux du soleil à son zénith, vint se retirer auprès de Catherine, et ne quitta Chelles que pour aller mourir à Paris, huit mois plus tard.

Son nom a été donné à un potage, dont la recette s'impose ici ; de même, la morue à la bénédictine, plat de carême, vient naturellement s'inscrire dans le même souvenir monastique, avec un de ses dérivés, les bouchées à la bénédictine.

Potage Fontanges :

Préparez une purée de petits pois frais.
Éclaircissez-le avec du consommé de volaille.
Émincez des feuilles d'oseille en lanières que vous ferez fondre au beurre.
Ajoutez cette préparation (qui s'appelle joliment une chiffonnade) à la purée de petits pois et

liez au jaune d'œuf à raison d'un par 75 centilitres de purée.
Ajoutez de la crème fraîche et parsemez de pluches de cerfeuil.

Morue à la bénédictine :

Faites dessaler à l'eau froide 500 grammes de morue que vous ferez ensuite pocher à l'eau sans bouillir. Faites égoutter, enlever peau et arêtes puis faites sécher quelques instants au four.
Faites cuire d'autre part à l'eau 250 grammes de pommes de terre. Après les avoir fait égoutter, broyez-les avec la morue en mélangeant bien, puis en incorporant le contenu d'une tasse d'huile d'olive et celui d'une tasse et demi de lait.
Versez cette préparation, dans un plat à gratin beurré. Arrosez de beurre fondu et mettez au four le temps de faire prendre couleur.
Il s'agit donc en fait d'une brandade, dont les restes peuvent servir à préparer les bouchées à la bénédictine.

Bouchées à la bénédictine :

Les truffes coupées en dés, que l'on ajoute à la brandade, semblent rappeler l'abbaye de Chelles davantage dans ses attaches royales que dans sa fonction monastique ; on en garnit des bouchées feuilletées, en posant dessus une petite lame de truffe ; on met à chauffer à four doux.

126.- Marie-Angélique de Scoraille de Roussille, duchesse de Fontanges (1661-1681). Maîtresse de Louis XIV après Mme de Montespan, elle mourut à la suite de couches. À l'époque, on disait d'elle qu'elle était « *belle comme un ange, mais sotte comme un panier* ». Gravure du XVIIIe siècle.

127.- Louise-Adélaïde d'Orléans, abbesse de Chelles (1698-1743). En 1720, l'abbesse sollicita l'aide du régent, son père, pour financer les travaux d'un nouveau logis abbatial en signant « *votre fille épouse de Jésus-Christ* ». Le prince lui répondit : « *Il y a trop longtemps que je suis brouillé avec mon gendre pour rien accorder à sa femme* ». Gravure du XVIIIe siècle.

Champs-sur-Marne : une histoire de poissons

128.- Jeanne-Antoinette Poisson, marquise de Pompadour (1721-1764). Il faut surtout retenir de cette maîtresse de Louis XV qu'elle fut la protectrice des artistes, peintres et littérateurs.

Commencée en 1699 pour un trésorier de l'extraordinaire des guerres qui s'y ruina, la construction du château de Champs fut achevée par le fameux financier Paul Poisson, devenu « de Bourvalais ». C'était l'un de ces nouveaux riches du temps de la Régence. Son arrogance le perdit, et le domaine fut vendu à la princesse de Conti, fille légitimée de Louis XIV et de Mlle de la Vallière. Elle le légua à son neveu, le duc de la Vallière, qui le loua à une autre favorite royale, mais du règne suivant : Mme de Pompadour.

Celle-ci n'occupa les lieux qu'à titre de locataire, et même en « meublé », puisqu'elle n'y apporta que son argenterie, son service de table et sa batterie de cuisine.

L'effet du hasard mettait une seconde fois le château de Champs entre les mains d'un possesseur nommé Poisson, puisque c'était là le patronyme de la marquise... Celle-ci a donné son nom (celui de son titre évidemment, infiniment plus gracieux...) à de multiples réalisations culinaires. Et cela, ce n'est pas un hasard, car Mme de Pompadour aimait faire la cuisine. Jolie femme gourmande, aimée d'un roi gourmand, en un siècle gourmand et un pays qui l'a été de tout temps, elle a elle-même créé au moins trois recettes : les blancs de volailles en bellevue, les tendrons d'agneaux « au soleil » et les filets de sole Pompadour, que j'évoquerai plus précisément afin de poursuivre cette histoire... de poissons.

Filets de sole à la Pompadour :

Prenez des filets de sole, garnissez-les d'une farce de truffes et de champignons hachés. Roulez-les et faites-les cuire au vin de Bordeaux blanc. Ajoutez un bouquet garni et assaisonnez. Réduisez la cuisson, ajoutez-y du fumet de poisson lié avec deux jaunes d'œufs.

Dressez les filets autour d'un plat dont vous garnirez ensuite le centre de queues d'écrevisses décortiquées. Nappez les filets avec la sauce de cuisson et servez bien chaud.

D'autres recettes ont été simplement dédiées à Mme de Pompadour, soit de son vivant, soit plus tard. Il s'agit notamment des croquettes de perdreaux et des côtelettes de mouton, ainsi que, pour les desserts, des attereaux (brochettes à la brioche) Pompadour et des pavés de riz Pompadour, entremets présentant la particularité commune d'être panés et plongés dans la friture, puis servis avec une sauce chaude aux abricots.

Mais voici la recette des côtelettes de mouton Pompadour.

Côtelettes de mouton Pompadour :

Prenez des côtelettes de mouton coupées dans le filet, en ayant soin d'en retirer la languette grasse ; égouttez-les et laissez-les refroidir complètement.

Préparez une purée Soubise (purée d'oignon, sauce Béchamel, une pointe de poivre de

Cayenne, une noix de beurre), faites-la bien réduire. Masquez-en les côtelettes, que vous laisserez ensuite bien sécher. Passez-les ensuite dans de la mie de pain fraîche finement émiettée, puis dans de l'œuf battu.
Faites dorer les côtelettes à la poêle dans du beurre clarifié. Servez-les avec des quartiers de citron et des petits navets cuits au beurre.

129.- Champs-sur-Marne – le château.

Lointains successeurs à Champs de Madame de Pompadour, le comte et la comtesse Cahen d'Anvers surent maintenir à son plus haut niveau la tradition culinaire des lieux. Dans *Trente ans de dîners en ville*, Gabriel-Louis Pringué se souvient du menu d'un déjeuner auquel il avait été convié par ce couple de grands mécènes :

Noisiel : l'ancien fief du baron Cacao

C'est grâce à une chute d'eau assez marquée sur le cours de la Marne et produisant une force motrice de 32 chevaux, que Noisiel est devenu le point de rencontre du chocolat et du département de Seine-et-Marne. La petite localité en est redevable à Jean-Antoine Brutus Menier, qui installa en 1824 sur ce site propice la première chocolaterie industrielle au monde. Auparavant, en poudre, en boisson ou en pâte, à la façon de Paris, d'Italie ou d'Espagne, l'amande de cacaotier (ou cacaoïer) était torréfiée et apprêtée selon des procédés artisanaux.

130.- Noisiel – l'usine avant 1914.

Le progrès technique permit d'améliorer et de généraliser le chocolat, dont la consommation représentait jusqu'alors un véritable luxe. Noisiel, en se développant, devint pour Menier un fief industriel et aussi électoral. Sa voisine du château de Guermantes, la spirituelle comtesse de Dampierre, qui n'avait pas la dent dure que pour le chocolat à croquer, l'avait surnommé « le baron Cacao ».

Ce fief, Menier et ses descendants le faisaient volontiers visiter, fiers de leur usine dont l'étendue et l'outillage avaient été doublés d'un seul coup. Dans cet établissement *« sillonné de rails, de wagons et de locomotives »* les matières premières arrivaient directement de leurs plantations de cacaoïers d'Amérique du Sud et de leur sucrerie de la Somme. Il en ressortait un produit fini attendu et connu dans le monde entier ; Paris, Londres, Amsterdam, Vienne, Philadelphie avaient vu le chocolat Menier primé dans leurs grandes expositions industrielles.

De nos jours, le château de style Napoléon III de la famille Menier est devenu le siège de l'Établissement public de Marne-la-Vallée, et l'ancienne fabrique fonctionne désormais pour une firme au nom anglo-helvétique, avec des moyens techniques qui feraient rêver Jean-Antoine Brutus Menier.

Le nom de ce précurseur survit dans les productions actuelles, puisque c'est sous la marque Menier que Nestlé-Rowntree commercialise son chocolat à cuire, c'est-à-dire… à cuisiner.

De même, des effluves sucrées de fruits et de menthe flottent toujours dans les rues de la coquette petite cité et sous les frondaisons du beau parc qui la jouxte. Il reste également le souvenir des belles boîtes cylindriques et des tablettes revêtues de papier multicolore, car le chocolat invite à l'exotisme, comme à la nostalgie de l'enfance.

C'était là de quoi inspirer les poètes et l'utopie s'en mêlant, un certain Le Maout rima à l'occasion de l'Exposition universelle de 1868 un éloge dans lequel le chocolat apparaissait comme le remède à tous les maux individuels et sociaux. Après la médecine condamnée à l'inactivité, la justice y devenait inutile, à tout le moins juste bonne à départager les meilleurs cacaos :

« Et bonheur non moins grand, Thémis
À toi seul, chocolat voudra rendre justice.
Elle dira riante, aux tenaces plaideurs
Mangez du chocolat, vous deviendrez meilleurs...
Si vous le mangez bon, vous deviendrez honnêtes.
Voilà la Loi... Changez ces tables en tablettes
Que votre seul palais, sans l'aide d'avocats
Juge si Maragnan vaut mieux que Caracas. »

Mais Thémis ne perdit ses droits ni à cause du chocolat ni sur lui, et quelques années plus tard, les plus hautes juridictions autrichiennes furent le cadre d'un procès retentissant entre ces deux institutions viennoises que sont l'hôtel Sacher et la pâtisserie Demel, au sujet de la recette du gâteau au chocolat « Sachertorte ». L'instance dura sept ans !

131.- Publicité du chocolat Menier des années 1935.

À la fois plus réalistes et talentueux, Stendhal et Balzac mirent en scène le chocolat, l'un comme contrepoison dans *La Chartreuse de Parme*, l'autre comme ferment possible de décadence de la civilisation hispanique. Ouvrant la porte sur l'Histoire, c'était là aller à l'encontre de mérites reconnus au tout début du même siècle au chocolat, stimulant intellectuel pour Napoléon et médicament salvateur pour le petit duc de Bordeaux.

Le débat devait être sérieux à l'époque, car en 1825, année de l'installation de l'usine de Noisiel, le savant Chevreul avait été consulté sur les propriétés nutritives du chocolat, qu'il définit comme provoquant une sensation de faim une ou deux heures après l'ingestion.

En définitive, on ne trouve l'unanimité sur le chocolat que chez les auteurs gastronomes du temps, de Brillat-Savarin à Monselet en passant par Alexandre Dumas, lequel proposait la recette de la macreuse (cet oiseau dont la chair est considérée comme du poisson) au chocolat. La voici, suivie d'une sauce, également insolite mais faisant tout de même partie des desserts, la mayonnaise de chocolat, donnée par un autre écrivain, du XXe siècle celui-là, Maurice Constantin-Weyer.

📖 Macreuse en ragoût au chocolat :

« Ayant plumé, vidé, lavé votre macreuse, vous la faites blanchir, puis vous l'empotez, avec sel, poivre, laurier, un bouquet de fines herbes ; jetez dedans un peu de chocolat que vous aurez préparé comme si c'était pour boire. Préparez en même temps un ragoût avec des foies, champignons, morilles, truffes, mousserons, marrons, ou tel autre ragoût que vous voudrez, et lorsque votre macreuse est cuite, vous la dressez dans un plat, le ragoût par-dessus, et vous servez avec telle garniture que vous jugerez à propos. »

📖 Mayonnaise de chocolat :

« Faites ramollir au bord du four à feu doux, 4 grosses barres de chocolat avec une cuillerée de lait. Quand c'est bien fondu, séparez le jaune de 2 œufs et mélangez-les très intimement au chocolat. Battez les blancs en neige très ferme et incorporez-les aussi.

« Vous pouvez servir tel quel, mais c'est encore meilleur servi dans une jatte et légèrement nappé de crème vanille. Le reste de la crème servi dans une deuxième jatte. »

132.- Menier n'était pas le seul chocolatier de Seine-et-Marne. Moins connu, surtout plus modeste, il y avait également Jacquin à Dammarie-lès-Lys. Image-prime vers 1890.

Pomponne et Fresnes-sur-Marne : les délices du jansénisme

133.- Simon Arnaud ou Arnauld, marquis de Pomponne (1618-1699), diplomate, ministre des Affaires étrangères sous Louis XIV, négociateur de la paix de Nimègue. Gravure du XVIIIe siècle.

À Pomponne, le château qui fut celui des Arnauld et, à Fresnes-sur-Marne une porte monumentale, seul vestige de celui des d'Aguesseau, font passer un instant notre parcours par des lieux imprégnés de l'ancienne présence des grands jansénistes. On pourra s'étonner de la référence, dans un ouvrage comme celui-ci, à des personnages austères, éloignés des plaisirs des sens, et par conséquent de la table. Ne faisait-on pas un seul repas par jour à Port-Royal ?

Pourtant, il semble que ce soit l'austérité même de cette règle de vie qui ait rapproché des nourritures terrestres Robert Arnauld d'Andilly, père du premier marquis de Pomponne. Cultivant les arbres fruitiers dans le vallon des Solitaires à l'ouest de Paris, il s'adonnait à l'arboriculture également dans son domaine briard, et Racine, encore enfant, a chanté ses travaux :

« Je viens à vous, arbres fertiles,
Poiriers de pompe et de plaisir,
Pour qui nos yeux et nos désirs
Jamais ne se sont vus stériles. »

Pour ce qui nous intéresse, c'est grâce à lui qu'a été donné à une variété, non pas de poires, mais de pêches, le nom de « rouge de Pomponne ».

Il est curieux de noter que, selon Saint-Simon, son fils le premier marquis de Pomponne mourut d'une indigestion pour avoir mangé un soir du veau froid et… *« force pêches »*.

📖 Pêches à la marquise :

De Pomponne ou d'ailleurs, les pêches peuvent être l'objet d'une présentation « à la marquise »… de Pomponne ou d'ailleurs.

Prenez 6 à 8 belles pêches à chair jaune ; faites-les pocher pendant 1/4 d'heure dans un sirop parfumé au kirsch. Laissez refroidir les pêches dans leur sirop, puis faites-les égoutter. Disposez-les à l'intérieur d'un moule à savarin enduit de gelée parfumée au kirsch. Laissez au froid la veille pour servir le lendemain, et présentez alors avec, au centre, une crème bavaroise parfumée au rhum (3 jaunes d'œufs, 200 grammes de sucre, mouillés avec 1/2 litre de lait bouillant, mélangés sur feu doux ; ajoutez 1 cuillerée à soupe de rhum ; laissez refroidir ; incorporez de la crème fouettée ; mettez au froid).

134.- Pomponne (canton de Lagny) – le château en 1665.

Au siècle suivant, le chancelier d'Aguesseau ne répugnait pas non plus, dans sa retraite des bords de Marne, à retourner la terre de son jardin. Mais ce n'est pas à une variété de fruits ou de légumes que sa mémoire s'attache, ni à une manière de les apprêter. C'est à une recette de bœuf, dans la grande tradition de la noblesse de robe. La voici selon Carême :

135.- Le chancelier d'Aguesseau, seigneur de Vincy-Manœuvre.

🕮 Culotte de bœuf à la d'Aguesseau :

Le titre exact est « *Grosse pièce de bœuf (à la cuillère) à la d'Aguesseau, garnie d'hatelets* » et les recommandations sont les suivantes pour une culotte de bœuf panée et colorée au four :

> « *... Vous la dressez, et la garnissez intérieurement de gros rognons de coq, de fragments de langue à l'écarlate parés de la forme des rognons. Ajoutez vingt-quatre noisettes de veau parées dans leur graisse et cuites dans une mirepoix. Mêlez à ce ragoût les pointes de trois bottes de grosses asperges préparées pour garniture, et saucez d'une espagnole travaillée un peu réduite à laquelle vous ajoutez un peu de glace de volaille, de beurre frais, de sucre en poudre, de poivre et de muscade râpée. Ce ragoût doit ébullitionner seulement ; versez dudit ragoût autour de la pièce de bœuf ; entourez-le*

d'une garniture de fonds d'artichauts bien blancs, coupés en quatre. Placez selon la règle dix hatelets composés de crêtes et de gros riz d'agneau glacés avec soin. Servez. »

☞ Sauce espagnole : *composée d'un roux brun (125 grammes de farine pour 4 à 5 cuillerées de beurre), mouillé au bouillon de viande, puis cuite pendant une heure et demi à feu doux et portée à ébullition en tournant.*

☞ Sauce mirepoix : *composée à partir de lard maigre (100 grammes) coupé en dés, revenu dans du beurre, de deux carottes et d'un oignon découpés, avec une feuille de laurier et une branche de thym, l'ensemble cuit pendant une demi-heure en remuant fréquemment.*

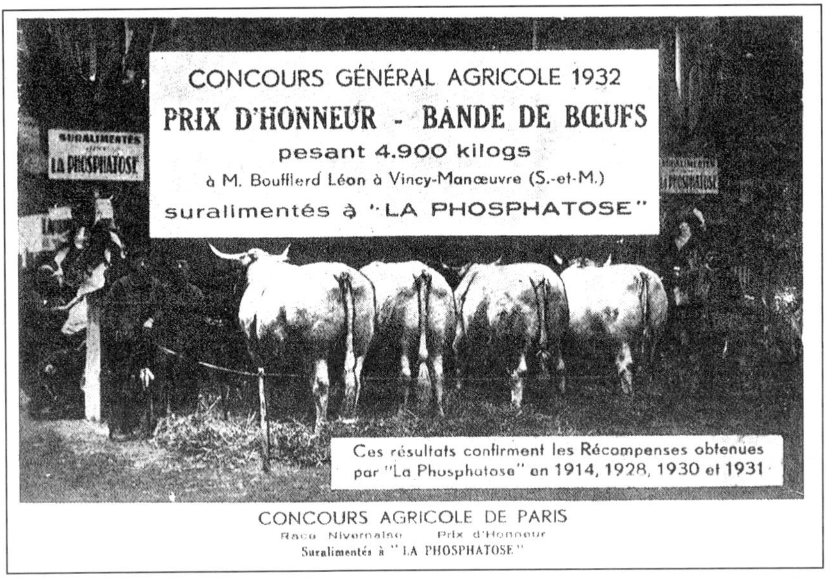

136.- « Bande de bœufs pesant 4 900 kg », en 1932. Avec cette *bande,* il y a matière première pour réaliser des *grosses pièces de bœuf à la d'Aguesseau.*

Croissy et Torcy : souvenirs culinaires des Colbert

À Croissy et à Torcy, nous sommes au cœur des anciennes seigneuries des Colbert, puisqu'un frère et un neveu du grand ministre ajoutèrent respectivement à leur nom ceux de ces localités. Leurs châteaux ne sont plus qu'un souvenir, notamment celui de Croissy, dont la Seconde Guerre mondiale n'a laissé subsister que des ruines, mais leurs noms sont demeurés associés à des préparations culinaires : le poulet frit à la Croissy et la Mousseline à la Torcy.

137.- Croissy-Beaubourg (canton de Lagny) – château de Beaubourg, avant 1907.

Ce sont elles que je vous présenterai ici, préalablement au potage Colbert et à la sauce Colbert, leur dénominateur commun sur le plan historique, mais non gastronomique.

🕮 Poulet frit à la Croissy :

Prenez des morceaux de poulet découpé (ailes, cuisses séparées du pilon, blancs). Escalopez-les et roulez-les dans du jaune d'œuf et de la chapelure.
Mettez-les à cuire à la poêle dans du beurre.

🕮 Mousseline à la Torcy :

(recette par Augustin Hélie, extrait de *La vie à table à la fin du XIXe siècle)* :

« Faites blanchir un peu de macaroni de Naples, le rafraîchir, l'égoutter et le couper menu, et en former de petits anneaux. Beurrez un moule à bombe et montez ce moule avec ces petits anneaux, les uns contre les autres. L'on peut, en mettant un peu de macaroni dans un bain de safran, obtenir une couleur jaune, ce qui ferait deux sortes de couleurs ; l'on peut également en faire du rose, pour obtenir un joli décor. Ayez de la farce de volaille montée à la crème fouettée, vous chemisez votre moule fortement, en y laissant un puits pour mettre une bonne garniture financière ; recouvrez le moule de farce et faites-la pocher, dressez et saucez d'une sauce suprême et envoyez le reste de la sauce dans une saucière. »

☞ Garniture financière : *crêtes de coq, rognons de poulets, boulettes de farce, olives, truffes et champignons dans une sauce financière (purée de tomate, madère, jus de veau).*

☞ Sauce suprême : *à base de bouillon de volaille, lié au(x) jaune(s) d'œuf(s).*

🕮 Potage Colbert :

Découpez avec une cuillère à légumes 20 boules de carottes et 20 boules de navets ; découpez 20 petits bouquets de chou-fleur de la même grosseur que les boules de carottes et de navets.
Faites cuire les bouquets de chou-fleur à part dans de l'eau bouillante salée.
Retirez-les.
Dans des casseroles séparées, faites blanchir les boules de carottes et de navets, et couvrez ensuite les unes et les autres de consommé de volaille.
Ajoutez une pincée de sucre en poudre et faites glacer.
Mélangez ensuite carottes et navets. Ajoutez 1/4 de litre de consommé, portez à ébullition et laissez égoutter.
Mettez dans une soupière le mélange de carottes et de navets avec le chou-fleur cuit, et versez dessus 1 litre à 1 litre 1/2 de consommé de légumes bouillant.
Servez à part 8 œufs pochés.

138.- Jean-Baptiste Colbert, marquis de Torcy (1665-1745) ; diplomate et homme d'État, il était le neveu du grand Colbert. Gravure du XVIIIe siècle.

🕮 Sauce Colbert :

Les hasards de l'histoire et de la géographie briardes, associés à ceux de la grande cuisine française, ont voulu que la sauce Colbert, rappelant Torcy et Croissy, soit servie avec un plat évoquant la ville toute proche de Pontault-Combault (Voir : la Cantine de Madame Sans-Gêne) ; en voici une variante parmi plusieurs :

139.- Croissy-Beaubourg (canton de Lagny) – le jardin de l'« Aigle d'or » vers 1907.

Faites ramollir 150 grammes de beurre, mélangez-le hors du feu avec 1 cuillerée à soupe de glace de viande, ajoutez 1 cuillerée à soupe de persil et 1 d'estragon, l'un et l'autre hachés, puis le jus de 2 petits citrons. Salez, poivrez.

Et pour terminer sur une note sucrée, voici une recette extraite du recueil de pâtisserie de Jules Gouffé, la crème Colbert à la vanille.

🕮 Crème Colbert à la vanille :

« Prenez 12 décilitres de crème double.
« Faites bouillir.
« Au premier bouillon, mettez dans la crème une forte gousse de vanille et 300 grammes de sucre cassé en petits morceaux.
« Faites réduire à 8 décilitres.
« Ajoutez 40 grammes de gélatine que vous aurez fait tremper dans de l'eau froide.
« Égouttez la gélatine.
« Mettez-la dans la crème que vous aurez retirée du feu.
« Lorsqu'elle sera réduite, tournez avec une cuiller ; la chaleur de la crème suffit pour la faire fondre entièrement.
« Passez à l'étamine ou à la passoire dite chinois.
« Faites prendre sur la glace en remuant constamment, pour éviter les grumeaux.
« Lorsque la crème aura la consistance de bouillie épaisse, mêlez-y 15 décilitres de crème chantilly bien ferme.
« La crème mêlée, remplissez un moule d'entremets enterré dans de la glace pilée.
« Couvrez le moule d'un plafond avec de la glace pilée sur le plafond.
« Démoulez au bout de 2 heures et servez ».

Mme de Maintenon et les pigeons du Génitoy

Sur le rebord du plateau briard, à peu de distance de Lagny vers le sud, le domaine du Génitoy, longé par une allée de poiriers gigantesques, épingle l'horizon de son grand pigeonnier pointu. Cet ancien privilège de noblesse montre bien qu'il s'agissait là du siège d'un fief, ce que confirme l'ordonnance majestueusement classique des anciens bâtiments convertis depuis longtemps à des fonctions plus agrestes.

140.- Bussy-Saint-Georges (canton de Lagny) – la ferme du Génitoy vers 1907.

C'est aussi parce que le Génitoy nous fait remonter à un géniteur couronné. Point éloignée de la capitale tout en étant située à l'écart, cette bâtisse de dimensions exceptionnelles dénonce dès le premier abord quelque frasque royale. Et effectivement, c'est là que chez un gentilhomme de la chambre qui se mit en grands frais pour l'occasion, Louis XIV installa au cours de l'année 1672 sa maîtresse du moment, Mme de Montespan, leur fils Louis-Auguste, âgé de deux ans, et la gouvernante de celui-ci, Françoise d'Aubigné, veuve du poète Scarron.

Le 27 avril, au retour de la campagne de Hollande, le roi s'arrêta auprès d'eux. Ce foyer illégitime était sur le point de

141.- Françoise-Athénaïs de Rochecouart de Mortemart, marquise de Montespan (1640-1707). Favorite de Louis XIV, elle tomba en disgrâce à la suite des remontrances de Bossuet, de l'influence grandissante de Mme de Maintenon, et aussi, a-t-on-dit, de sa participation à l'*affaire des Poisons*. Gravure du XVIIIe siècle.

s'agrandir : le 20 juin suivant, la favorite accouchait d'un deuxième garçon, prénommé Louis-César, le futur comte de Vexin. De même, l'aîné serait un jour le duc du Maine.

Pour Mme de Montespan, qui mettrait encore au monde, toujours fruits d'un double adultère, Mlle de Nantes, Mlle de Tours, Mlle de Blois et le comte de Toulouse, la disgrâce était encore loin. Quant au monarque, s'il pouvait attendre de la veuve Scarron qu'elle élève sa progéniture clandestine, il ne songeait certainement pas encore à faire d'elle sa maîtresse, pas plus qu'elle n'imaginait de son côté devenir un jour son épouse, fût-ce par mariage secret.

Le nom de Mme de Montespan, bien que plus tard associé à l'affaire des Poisons, a été choisi pour désigner une préparation culinaire, un potage. Celui de Françoise Scarron, du moins quand elle se vit transformée en Maintenon, avait un avenir gastronomique, mérité de surcroît car elle était bonne cuisinière.

C'est elle qui inventa pour son royal époux les côtelettes d'agneau à la Maintenon, ainsi qu'un potage aux pigeons. Peut-être avait-elle imaginé ce dernier à l'ombre du colombier du Génitoy ?

📖 POTAGE AUX PIGEONS :

Il s'agit d'un potage clair.
Versez dans une grande casserole 2 litres d'eau. Mettez-y deux pigeonneaux vidés et bridés, 2 carottes, 2 navets et 2 poireaux ; salez, poivrez.
Portez à ébullition et laissez cuire à petit bouillon pendant une heure et demie.
Retirez à l'aide d'une écumoire les pigeonneaux et les légumes, et passez le bouillon au chinois. Versez dans une soupière.

📖 CÔTELETTES D'AGNEAU À LA MAINTENON :

Mettez les côtelettes sauter à la poêle jusqu'à demi-cuisson.
Pendant ce temps, versez dans une sauteuse un verre de madère, ajoutez une pincée de mignonnette (sachet aromatique de poivre et de clous de girofle) et quelques champignons émincés. Portez à ébullition jusqu'à obtention d'un coulis.
Liez avec deux jaunes d'œufs et aromatisez avec un peu d'ail gratté avec la pointe d'un couteau.
Disposez les côtelettes sur un plat et masquez-les avec la sauce. Passez à four très chaud le temps de terminer la cuisson de la côtelette. Une fois retiré du four, arrosez le dessus avec un peu de sauce madère. Servez.

📖 POTAGE MONTESPAN :

Purée d'asperges, mouillée avec du consommé clair, le tout lié au tapocia ; garniture de petit pois.

142.- Françoise d'Aubigné, marquise de Maintenon (1635-1719). Chargée secrètement de l'éducation des enfants de Louis XIV et de Mme de Montespan, elle devint l'épouse morganatique du roi soleil en 1684. Gravure du XVIIIe siècle.

À table du côté de Guermantes

Ce n'est pas seulement du château de Guermantes dont il sera question ici. Même si rien, au premier abord, ne les rapproche, il ne saurait être évoqué distinctement de celui de Bois-Boudran à Fontenaille, auquel le relient des affinités littéraires n'excluant pas l'intérêt gastronomique.

143.- Guermantes (canton de Lagny) – le château avant 1914.

Guermantes appartint longtemps à une famille qui en avait pris le nom et dont la dernière descendante, Ernestine, était cette comtesse de Dampierre que nous avons déjà rencontrée à propos des Menier à Noisiel. C'était une personne hors du commun, qui traversa presque tout le XIXe siècle avec l'esprit du XVIIIe, et qui aurait pu inspirer Marcel Proust dans n'importe lequel de ses portraits de grandes dames.

144.- Marcel Proust (1871-1922)

Mais c'est seulement une sonorité que cet enchanteur emprunta plus tard à Guermantes, après en avoir demandé l'autorisation au propriétaire suivant, le marquis de Lareinty-Tholozan. Il lui conféra une célébrité universelle, comme identité d'une grande race et, au-delà, comme symbole d'un monde disparu.

Parallèlement à tant de distinction et de raffinement, l'univers proustien est pétri d'un intimisme à l'inaltérable goût d'enfance. Les digressions sur la nourriture y contribuent largement, tout en n'échappant pas aux métaphores esthétiques, qu'elles concernent des asperges, « *délicieuses créatures qui s'étaient amusées à se métamorphoser en légumes* », ou du bœuf froid aux carottes « *couché par le Michel-Ange de notre cuisine sur d'énormes cristaux de gelée pareils à des blocs de quartz transparents.* »

C'est au cours du repas offert par les parents du narrateur à l'ambassadeur Norpois, amant d'une Guermantes, la marquise de Villeparisis, qu'est servi ce plat précédant une étonnante salade d'ananas et de truffes.

Le même M. de Norpois apparaît à une autre table, dans un restaurant de Venise où quelques pages de *la Fugitive* le mettent en scène en compagnie de l'inévitable Mme de Villeparisis. Le nom de celle-ci suffirait à évoquer le département de Seine-et-Marne, même si la conversation culinaire du vieux couple suscite une impression d'exotisme :

> « *Voilà le menu. Il y a comme entrée des rougets. Voulez-vous que nous en prenions ?*
> *— Moi, oui, mais vous, cela vous est défendu. Demandez à la place du risotto. Mais ils ne savent pas le faire.*
> *— Cela ne fait rien. Garçon, apportez-nous d'abord des rougets pour Madame et un risotto pour moi.* »

145.- La comtesse Greffülhe.

D'un château l'autre, et comme si la réalité devait toujours dépasser la fiction, une demeure plus enfouie encore dans la verdure, du côté de Nangis, conserve le souvenir d'une amie de Proust, la comtesse Henri Greffülhe, modèle de sa princesse de Guermantes. Elle appartenait par sa naissance à la famille belge des princes de Chimay.

146.- Fontenailles (canton de Mormant) – le château de Bois-Boudran avant 1914.

Lorsque, en 1983, je publiai dans une revue locale une petite étude sur « Marcel Proust et la Brie », j'ignorais les attaches de la comtesse Greffülhe avec Fontenaille et, je suis heureux de combler ici cette lacune, même si ce n'est qu'en référence aux brillants goûters que donnait le personnage romanesque qui lui doit son existence.

Pour illustrer en termes gastronomiques cette promenade entre Guermantes et Bois-Boudran, en remontant le temps perdu et le temps retrouvé, je vous propose tour à tour les filets de lapereau à la Dampierre et les œufs farcis Princesse de Chimay. Nous en terminerons, à propos de Villeparisis et de la marquise du même nom, avec les rougets à la vénitienne.

Filets de lapereaux à la Dampierre :

Prenez 6 filets de lapereaux et 6 filets mignons. Cloutez les premiers aux truffes et les seconds à la langue. Faites-les sauter ensemble au beurre dans une cocotte, arrosez-les de quelques gouttes de cognac puis couvrez et laissez cuire à feu doux.
Pendant ce temps, préparez une mousse de pois secs truffée et disposez-la sur un plat rond en lui donnant une forme de cône tronqué.
Dressez dessus, en les alternant, filets de lapereaux et filets mignons, de manière à former une rosace. Entourez la base du cône de mousse avec des marrons cuits au consommé et glacés, des oignons glacés et des champignons, en alternance.
Servez à part une sauce poivrade légère.

147.- Salon des Tapisseries du château de Guermantes.

Œufs farcis princesse de Chimay :

Dans une sauteuse sur feu doux, faites revenir dans du beurre et un peu d'huile un oignon et une échalote hachés. Remuez sans laisser prendre couleur.
Ajoutez 100 grammes de champignons. Sur feu vif, remuez-les et ajoutez une demi-cuillerée à soupe de purée de tomate, une cuillerée à café de persil haché, sel et poivre.
Mélangez en remuant pendant une minute et retirez du feu.

Faites durcir les œufs puis partagez-les dans le sens de la longueur. Retirez-en les jaunes, recueillez-les dans un récipient, écrasez-les et mélangez-les aux champignons. Pilez bien le tout.
Remplissez les œufs avec la farce ainsi obtenue. Posez-les dans un plat à gratin beurré.
Nappez-les d'une sauce Mornay (béchamel avec, par quart de litre, 1 jaune d'œuf et 40 grammes de gruyère râpé).
Saupoudrez de gruyère râpé.
Mettez le plat à four chaud et retirez-le après un glaçage rapide.

Rougets à la vénitienne :

Faites pocher les rougets dans une nage composée de fumet de poisson et de vin blanc.
Retirez-les, égouttez-les et disposez-les sur un plat en alternance avec des croûtons frits au beurre.
Préparez une sauce vénitienne en faisant réduire dans un peu de vinaigre de l'estragon haché, puis en mouillant de sauce au vin blanc (fumet de poisson, vin blanc, jaune d'œuf, beurre clarifié) ; ajoutez le fond de cuisson des rougets.
Nappez ces derniers avec la sauce ainsi obtenue et servez.

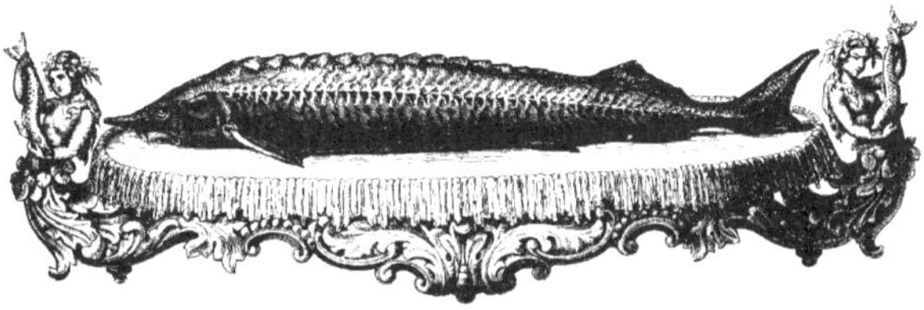

Ferrières : dîners de chasse et de gala d'antan

Ferrières, si désert d'avoir accueilli tant d'hôtes et tellement silencieux d'avoir retenti de tant de sonneries, de meutes, d'hallalis. Ferrières des automnes Second Empire, impeccable comme une gravure de chasse anglaise, mais baigné des senteurs de feuilles mortes et d'herbe mouillée. C'est sans doute pour en préserver le subtil mélange que les cuisines étaient tenues à l'écart, reliées au sous-sol du château par un souterrain. Et chaque plat, amené par le chariot sur rails qui le desservait, exhalait son arôme intégral.

Ferrières, si inodore d'avoir respiré tant de fumets de venaison, si froid d'avoir fait crépiter tant de bûches, quelle gageure que de vouloir réveiller sa vie éteinte à partir de recettes de cuisine !

Mais s'il s'agissait plutôt de formules magiques, capables, avec les parfums, les couleurs et les goûts, de rendre, au moins dans notre illusion, le souffle à ce qui fut ? Chacun connaît la puissance de ces sortes d'évocations, et le côté de Guermantes, si proche, nous rappelle celle de certaine petite madeleine... À l'enchanteur, fragile et pourtant immortel, à qui elle inspira de tendres incantations, hommage a été rendu lors du dernier grand dîner de Ferrières. À la recherche du temps perdu... Mais cette réminiscence appartient déjà elle-même à la nostalgie.

148.- Ferrières-en-Brie (canton de Lagny) – le parc, jardin français avant 1906.

Les recettes Rothschild étant innombrables, le chef avait dû connaître à cette occasion l'embarras du choix, comme moi-même à présent, qui m'oriente d'abord vers un potage anglais : un potage, parce qu'il faut bien commencer, et anglais peut-être parce que l'architecte de cet envoûtant palais, Baxton, était venu d'outre-Manche...

📖 Potage anglais à la Rothschild :

La recette est de Carême, qui dédia à une baronne de Rothschild l'un de ses ouvrages de cuisine :

« Mettez dans une marmite à potage deux tranches de jambon, un dindon aux trois quarts cuit à la broche et un peu coloré, ainsi qu'une perdrix, puis un jarret de veau et le bouillon nécessaire. Après avoir écumé le consommé, vous y joignez deux oignons, deux carottes,

149.- Ferrières-en-Brie (canton de Lagny) – la ferme modèle, laiterie en marbre blanc.

deux navets, deux pieds de céleris, quatre poireaux et un bouquet de cerfeuil assaisonné d'un fragment de laurier, de thym, de basilic et de marjolaine ; adressez une pointe de muscade (macis), de caïenne, de piment, et deux clous de girofle ; lorsque le consommé a mijoté cinq heures, vous y mêlez deux blancs d'œuf battus avec un verre de vin de Rhin et, un quart d'heure après, vous le passez à la serviette ; après quoi vous le faites bouillir, pour le verser ensuite dans la soupière contenant des quenelles de volaille à l'essence de champignons, puis de grosses crêtes, des rognons de coq, et une vingtaine de petits champignons tournés bien blancs. Servez. »

Voilà qui illustre bien les moyens en produits frais, en temps disponible… et en main d'œuvre, des grandes maisons d'autrefois, et dans tous les sens du terme, ce potage est des plus riches. Si la mise en œuvre qu'il exige vous effraie, voici une recette moins compliquée, sinon moins somptueuse :

🕮 Garniture Rothschild (pour le poisson) :

Le poisson enduit avec de la farce de poisson, entièrement décoré avec des truffes découpées en demi-sphères, est cuit à l'étuvée dans du vin de Champagne, puis présenté sur un plat, entouré de boulettes de sole demi-sphériques, de champignons taillés, de truffes polies, de petits éperlans frits, de crabes et d'huîtres avec le bouillon réduit.

Voici une recette encore plus rare, puisque les protagonistes en sont des ortolans, oiseaux minuscules dont il faut garnir des truffes… de taille appropriée. Comme la précédente, elle a été recueillie par le chef viennois Richard Hering :

🕮 Ortolans à la Rothschild :

De grosses truffes cuites au vin de Champagne, puis coupées en leur sommet, creusées et refroidies, les ortolans rôtis et refroidis, placés l'intérieur, après avoir été ouverts et fourrés de gelée au vin de Champagne, et recousus avec des fils d'or… Rothschild oblige !

Mais il existe une autre façon d'apprêter les ortolans. Moins coûteuse à réaliser, elle est extraite d'un recueil d'Escoffier qui la tenait de M. Leblanc, chef de cuisine d'un vieux baron de Rothschild sous le Second Empire :

« Les envelopper chacun d'une bande de feuille de vigne. Les ranger dans une plaque humectée d'eau salée et les saisir à four vif pendant 4 à 5 minutes.

« Le peu d'eau ajoutée dans le fond de l'ustensile provoque une évaporation qui empêche la graisse des ortolans de fondre et il ne faut en conséquence ni barde, ni beurre, ni jus. »

Et pour terminer, ici aussi, sur un goût de dessert, voici le gâteau Rothschild.

Gâteau Rothschild :

Faites une gênoise épaisse et coupez-la au fil en quatre disques que vous imbibez de kirsch.

Faites une crème au beurre, réservez en le contenu de deux tasses à thé, et à tout le reste ajoutez des fruits confits préalablement macérés dans du kirsch.

Constituez le gâteau en faisant alterner disques de gênoise et couches de crème au beurre aux fruits confits les uns sur les autres.

Avec le contenu de la première des tasses de crème au beurre que vous avez réservées, masquez le dessus et le tour du gâteau.

Décorez ensuite le tour du gâteau avec des amandes effilées grillées, et le dessus avec des rosaces de crème au beurre provenant de la seconde tasse réservée, au moyen d'une poche pâtissière, et parsemez de fruits confits.

150.- Ferrières-en-Brie - Potager du domaine. Détail d'un espalier, avant 1906.

Couilly-Pont-aux-Dames : la soupe d'une favorite en pénitence

151.- Jeanne Bécu, comtesse du Barry (1743-1793). Favorite de Louis XV, exilée à l'abbaye de Pont-aux-Dames puis tenue à l'écart de la Cour par Louis XVI, elle fut guillotinée sous la Terreur.

Louis XV mourut le 10 mai 1774, après avoir bien vécu. Nous savons qu'il se plaisait en ses loisirs à cuisiner de petits plats, et qu'il privilégiait la qualité de la nourriture par rapport à la quantité. C'est là un trait propre aux grands amoureux et Mme du Barry en savait quelque chose, qui régna sans partage sur le cœur du monarque vieillissant.

Le 9 mai, pensant in extremis à son salut, celui-ci avait signé contre sa favorite un arrêt d'exil que Louis XVI exécuta en la faisant conduire dès le 12 à l'abbaye de Pont-aux-Dames. Retenue là en qualité de prisonnière d'État, Mme du Barry y resta une année entière, point si confinée qu'on a pu le dire, puisque sa mère, ses belles-sœurs et de nombreux domestiques lui tenaient compagnie.

Toute cette société occupait un bâtiment distinct, qui a conservé le nom de pavillon du Barry, et où la vie s'écoulait sur un train de maison bien soutenu. Seul l'ennui devait être assez pesant et c'est peut-être pour trouver un dérivatif que Mme du Barry, inspirée par sa générosité naturelle,

152.- Couilly (canton de Crécy-en-Brie) – maison de retraite des artistes dramatiques à Pont-aux-Dames, vue sur le parc.

organisait des distributions de soupe aux pauvres du village.

S'agissait-il de potage à la du Barry ? Pourquoi pas, puisque celui-ci met en œuvre une simplicité, voire une rusticité, de moyens que son nom, évocateur des derniers fastes de Versailles, ne laisserait pas du tout présager.

Potage à la du Barry :

Faites cuire dans de l'eau salée un chou-fleur entier. Après cuisson, passez au tamis (ou au mixer). Ajoutez à la purée ainsi obtenue le quart de son poids de purée de pommes de terre. Délayez le mélange avec du lait jusqu'à ce qu'il prenne une consistance onctueuse. Ajoutez de la crème fraîche. Rectifiez l'assaisonnement et parsemez de persil haché. Versez dans la soupière. Servez.

Crème du Barry :

C'est, sous une autre appellation, une variante de la recette précédente.

Elle s'exécute en faisant blanchir pendant 10 minutes un chou-fleur détaillé en bouquets, puis en préparant un petit roux (beurre et farine), que l'on mouille avec un litre d'eau ; après avoir mis le tout à bouillir, on ajoute les petits bouquets de chou-fleur dès le début de l'ébullition, et on laisse finir de cuire à feu très doux ; on passe ensuite au tamis fin, et on remet à chauffer avec 1 verre de lait ; on lie avec un jaune d'œuf et 1 décilitre de crème, et on sert garni de petits croûtons et de bouquets de chou-fleur.

153.- Couilly (canton de Crécy-en-Brie) – Vue d'ensemble de la maison de retraite des artistes dramatiques à Pont-aux-Dames, avec le pavillon de la du Barry.

Montceaux-les-Meaux et le secret de la belle Gabrielle

Pompadour, du Barry, d'Estrées... Comme nous remontons le cours de la Marne, nous remontons le cours de l'Histoire, de gracieuses favorites en royaux amants, de Bien-Aimé en Vert-Galant... Mais comme à Croissy et à Fresnes, ce sont des ruines que nous trouvons, sous forme de colonnes gigantesques.

154.- Montceaux-lès-Meaux (canton de Meaux) – le château, reste du pavillon central de la grande façade, avant 1907.

155.- Gabrielle d'Estrées, marquise de Montceaux et duchesse de Beaufort (1573-1599). Favorite de Henri IV, elle méditait de se faire épouser par son royal amant, lorsqu'elle mourut brusquement et mystérieusement à la suite de couches. Gravure du XVIIIe siècle.

Le bâtiment qui subsiste, dominant la douce vallée de la Marne, n'était qu'une dépendance du palais digne de la Renaissance italienne possédé par les deux reines Médicis. L'une le fit édifier par Philibert Delorme, l'autre le délaissa au profit du parisien Luxembourg. Entre elles, il fut habité par Gabrielle d'Estrées, la « Belle Gabrielle », aimée d'Henri IV qui la titra duchesse de Verneuil.

Pour elle, il avait acheté en sous-main Montceaux, dans l'intention d'en faire un nid d'amour vraiment royal. Autant qu'une retraite champêtre, il fut pour leur couple illégitime mais quasi-officiel, une demeure de représentation puisqu'il y donnèrent des fêtes comme celle de janvier 1596, comprenant un dîner et un souper somptueux.

156.- Le château de Montceaux au XVIe siècle. Estampe du musée du Louvre.

Ce jour-là, Gabrielle laissa aux soins des maitres queux la préparation des mets royaux, mais il est notoire que dans l'intimité elle mitonnait de petits plats à l'intention de son amant. Parmi eux, une recette de poisson, citée dans *la Cuisine Amoureuse de l'Histoire* :

Loup selon Gabrielle d'Estrées :

Hachez finement une truffe et mélangez-la avec 40 grammes de beurre en pommade. Tartinez-en très largement 2 filets de loup crus que vous aurez salés et poivrés.

Dans un plat allant au four, saupoudrez d'échalote hachée et ajoutez un décilitre de vin blanc, le jus d'un citron, un décilitre de crème fraîche, sel et poivre.

Couvrez d'une feuille d'aluminium (Gabrielle utilisait du parchemin) et mettez au four à cuire pendant 15 minutes.

Prenez deux écrevisses, retirez-leur la nageoire centrale caudale et faites-les cuire dans de l'eau bouillante pendant 15 minutes.

Installez les filets de loup sur un plat à poisson, faites réduire la sauce jusqu'à ce qu'elle soit onctueuse. Nappez et décorez avec les ecrevisses.

Salade Gabrielle d'Estrées :

C'est une recette du célèbre chef Auguste Escoffier

« Blanc de poulet et truffes en julienne, pointes d'asperges. Assaisonnement à la sauce mayonnaise légère, relevée légèrement à la moutarde et soupçon de poivre rouge ; facultativement, on peut ajouter des concombres cuits taillés en petits bâtonnets ».

157.- Auguste Escoffier (1846-1935) « cuisinier des rois et roi des cuisiniers ».

Poulet sauté Belle Gabrielle :

Il s'agit d'un poulet cuit à la vapeur, servi nappé d'une sauce blanche à la crème parsemée de truffes hachées, et entouré de tranches de pain de mie grillées.

Potage Verneuil :

C'est une soupe à la crème d'orge additionnée de mousse de petits pois, avec une décoration en trois couleurs à base d'épinards, de carottes et de mousse de volaille.

Poule au pot briarde :

La poule au pot est suffisamment évocatrice d'Henri IV pour que cette recette ménagère, recueillie jadis par un restaurateur de La Ferté-sous-Jouarre, M. Truchet, clôture à la bonne franquette les souvenirs royaux de Montceaux :

« Préparer une poule coupée en morceaux ; 250 grammes de poitrine de porc salée, coupée en tranches minces ; 5 à 6 carottes et autant d'oignons coupés en rondelles ; un bouquet de persil bien garni.

« Dans une cocotte en terre, disposer quelques tranches de poitrine, rondelles d'oignons et carottes, une couche de poule, une seconde couche de lard, oignons et carottes, une couche de poule. Ajoutez le bouquet de persil, un peu d'épices, 6 clous de girofle, sel, poivre.

« Mouiller d'un grand verre de bon cognac et d'un verre de vin blanc. Mettre sur le feu et laisser réduire un quart d'heure environ. Mouiller ensuite avec un demi-litre de bon bouillon ; fermer hermétiquement et laisser cuire au four pendant deux heures ; servir dans la cocotte.

« Cette recette permet d'utiliser les vieilles poules plus suffisamment tendres pour être employées d'une autre manière. »

158.- La Ferté-sous-Jouarre – *hôtel de l'Épée*, E. Truchet, propriétaire, vers 1903.

Mais une jeune poule bien tendre ne saurait pour autant nuire au résultat, et ce n'est certainement pas le Vert-Galant qui aurait dit le contraire.

La table de l'évêché

Depuis la destruction du château des comtes de Champagne, à l'emplacement actuel de l'hôtel de ville, la première demeure de Meaux est son ancien évêché, où demeura Bossuet, et qui abrite maintenant un riche musée portant le nom de l'illustre prélat.

C'est pourtant au souvenir de son prédécesseur, Mgr Dominique de Ligny, que nous devons quelques détails sur la table de l'évêché au Grand Siècle. Cet évêque, tout ascétique qu'il fût, faisait élever dans les dépendances du palais épiscopal des lapins destinés à ses invités.

À la fin de sa vie, souffrant et très amaigri, il adopta sur les conseils d'un père berger capucin un régime à base de légumes et de lait. Des vaches furent même entretenues sur place et un chroniqueur du temps rapporte que, dans les deux dernières années de sa vie, alors qu'il restait alité, on *« faisait monter les vaches jusques en sa chambre pour les traire prez de son lict »*. La large rampe d'accès à l'étage noble du bâtiment, telle qu'elle a été conservée, témoigne aujourd'hui de la véracité de l'anecdote.

159.- Meaux – jardin de l'évêché, vers 1938.

Nous savons par la même source qu'avant sa maladie, Mgr de Ligny, quoique peu gourmet, surveillait ses cuisines au point que quelquefois il y *« descendait par une montée desrobée »*. De même, la composition de la sauce dans laquelle il aimait faire tremper ses viandes est parvenue jusqu'à nous, au point de donner matière à une recette ci-après.

Pour en venir à Bossuet, il est connu que celui-ci possédait une bonne cave, sans doute en raison de ses origines bourguignonnes. On peut en présumer qu'il avait également une bonne table, même si ses goûts ne sont pas parvenus jusqu'à nous, et si son nom, à la différence de ceux d'autres prédicateurs de son temps tels que Massillon, Bourdaloue et Champvallon, n'a été donné à aucune recette.

C'était un oubli à réparer depuis longtemps ; et, peut-être parce qu'une imagination meldoise devait forcément s'y employer, c'est à Véra Dorrer que l'on doit les filets de saint-pierre à la Bossuet.

Lapin à la façon de Mgr de Ligny :

Dans une sauteuse, mettez du beurre et faites revenir à feu très vif les morceaux d'un lapin. Lorsque ceux-ci sont dorés, ajoutez une grosse échalote hachée et laissez mijoter pendant 5 minutes sur feu doux.

Mouillez avec un verre à liqueur de vinaigre de vin et autant d'eau, ajoutez du sel et du poivre blanc.

Couvrez et laissez cuire pendant une heure.

Retirez alors les morceaux de lapin, réduisez la sauce, passez-la au chinois et, facultativement, ajoutez-y un peu de beurre.

Disposez les morceaux de lapin sur un plat et versez dessus la sauce, en présentant avec, tout autour, des croûtons de pain frits ou grillés.

Filets de Saint-Pierre à la Bossuet :

« Pour 6 personnes :

« 2,5 kilogrammes de filets de saint-pierre
« 500 grammes de myrtilles surgelées
« 30 grains de poivre blanc
« 50 décilitres de crème fraîche
« 1 bouquet garni enveloppé dans une gaze et ficelé
« 1 cuillerée à dessert de sauceline

« Faites chauffer modérément votre four (170°).

« Déposez les filets de saint-pierre dans un plat à gratin, parsemez de sel fin et de grains de poivre, allongez le bouquet garni.

« Versez de la crème fraîche sur le tout, puis recouvrez d'un papier sulfurisé (ou d'aluminium), et laissez cuire pendant 20 minutes.

« Après avoir sorti le plat du four, retirez les filets de poisson et gardez-les au chaud ; préparez en même temps un plat réchauffé pour le service.

« Préparez la sauce en versant le jus de cuisson du poisson dans une casserole, le bouquet garni étant retiré. Ajoutez 300 grammes de myrtilles (passées sous l'eau froide pour en retirer le sucre) et la cuillère de sauceline.

« Faites cuire 5 minutes sur le feu en tournant constamment à la spatule, pour faire épaissir la sauce. Passez ensuite le tout au tamis (au mixer), puis au chinois. La sauce doit avoir pris une couleur violette. Rectifiez l'assaisonnement.

« Dans le plat à servir chaud, couchez les filets de saint-pierre, et disposez une couronne avec les 200 grammes de myrtilles restantes. Servez à part la sauce et une mousseline de pommes de terre. »

160.- Meaux – le grand salon de l'évêché en 1899.

Dans votre assiette, une fois revêtu de la sauce violette, dans laquelle les myrtilles s'enchâssent comme autant de précieuses améthystes, le saint-pierre à la Bossuet apparaît dans toute sa splendeur… épiscopale.

Un siècle après le temps de Bossuet, le 24 juin 1791, l'évêché fut le cadre d'un souper exceptionnel. Improvisé dans une atmosphère pesante par Levallois, le cuisinier le plus réputé de la ville, il ne fit pas défaut à la tradition culinaire de Meaux. Les convives étaient Louis XVI et la famille royale, ramenés sous bonne garde à Paris après avoir été interceptés à Varennes.

Ce menu ferme donc en quelque sorte une boucle ouverte en ces pages à propos du brie, puisque le roi, toujours aussi en appétit à son arrivée à huit heures et demie du soir, en fut servi parce qu'il avait été reconnu trois jours plus tôt en s'attardant à manger de ce fromage.

En voici l'énumération :

Potage
Côtelettes de veaux glacées
Poulets gras à la tartare
Matelotes d'anguilles
Poulets rôtis
Pigeons de volière
Lapereaux
Deux salades
Artichauts à la sauce ; artichauts frits
Deux plats de petits pois
Deux crèmes à l'anglaise
Deux petits gâteaux d'abricots
Quatre jattes de fraises
Quatre assiettes de sucre
Assiettes de biscuits, macarons, etc.

Louis XVI

Né à Versailles, en 1754, petit-fils de Louis XV. Il appela au pouvoir Turgot et Malesherbes, mais dut les abandonner. Necker ne put réussir davantage et le pouvoir tomba dans les mains de ministres incapables. Néanmoins Necker fut rappelé (1788) et fit convoquer les États généraux (1er mai 1789), puis dut se retirer à nouveau (11 juillet 1789), ce qui amena la prise de la Bastille. Louis XVI, plein de bonnes intentions, mais subissant l'influence des courtisans et de la reine, perdit sa popularité par l'appui secret donné aux émigrés et par sa fuite à Varennes. Après le 10 août 1792, il fut arrêté, suspendu de ses fonctions, jugé par la Convention, condamné à mort et guillotiné le 21 janvier 1793. Il avait épousé, en 1770, Marie-Antoinette d'Autriche.

161.- Louis XVI, roi de France, puis roi des Français (1754-1793).

162.- Meaux – palais épiscopal, le pavillon de travail de Bossuet, vers 1905.

Marie Leczinska et les bouchées à la reine

Une tradition affirmée veut que les premières bouchées à la reine aient été présentées à Marie Leczinska lors de son arrivée en France pour épouser Louis XV, et qu'elles aient été alors garnies d'un salpicon lié avec du fromage de Brie. L'anecdote aurait eu pour cadre Donnemarie-en-Montois où le cortège de la future reine faisait étape. Mais en Brie, on retrouve un peu partout les Leczinski.

Le père de Marie, Stanislas, s'était vu attribuer le duché de Lorraine en compensation de son chancelant trône polonais. Il devait à partir de ce moment-là passer à de nombreuses reprises par la Brie, voyageant entre sa petite cour de Commercy et celle de son gendre et de sa fille à Versailles.

La chronique nous apprend qu'il s'arrêtait, tant à l'aller qu'au retour, au château de Luzancy, alors propriété d'une autre grande famille d'Europe centrale, les comtes de Berchény. L'un d'eux, colonel hongrois, s'y était réfugié après l'issue, malheureuse pour lui, de l'un des innombrables soulèvements de la Transylvanie contre la maison d'Autriche, au début du XVIIIe siècle. Passé au service de Louis XIV, il était devenu maréchal de France. Singularité le rattachant doublement au présent propos culinaire et lorrain, son épouse était native de Thionville et fille de maître d'hôtel.

163.- Luzancy – le château, vers 1907.

Cela contribuait-il à la réputation d'hospitalité de la maison ? On reste sur ce point réduit aux suppositions, mais il est en revanche établi que Marie Leczinska s'arrêta dîner chez les Berchény au mois de septembre 1765 en revenant de voir son père à Commercy. Une plaque sur l'escalier d'honneur du château de Luzancy rappelle l'événement ainsi que les passages réguliers du roi Stanislas.

Celui-ci affectionnait un autre château de la région, situé toutefois à l'autre extrémité du département de Seine-et-Marne, à Bourron, en lisière de la forêt de Fontainebleau.

Ces souvenirs valent bien qu'en plus des bouchées à la reine, inévitables ici, soit présentée une recette portant le nom de ce personnage dont la destinée historique fut des plus curieuses, mais qui a surtout laissé la réputation d'un souverain modèle et d'un très brave homme.

🕮 Bouchées à la reine :

Pour 6 bouchées, faites dans une casserole sur feu doux la préparation suivante : beurre fondu avec de la farine, en tournant sans laisser colorer, de manière à obtenir un roux blanc. Mouillez avec 1 demi-litre de bouillon de poule et laissez réduire 10 minutes.

Coupez en dés les 2 blancs d'une volaille bouillie, 400 grammes de ris de veau cuit et refroidi et 125 grammes de petits champignons revenus dans du beurre.

Mélangez le tout et liez-le ensuite avec un gros jaune d'œuf battu dans 100 grammes de crème fraîche. Incorporez ensuite le roux et rectifiez l'assaisonnement.

Faites chauffer ce salpicon au bain-marie, puis garnissez-en 6 croûtes de pâte feuilletée.

Si vous souhaitez rester fidèles tant au terroir briard qu'à la recette d'origine, dont les modalités détaillées sont malheureusement perdues, vous pouvez remplacer le liant à base de crème et de jaunes d'œuf par 150 grammes de fromage de Brie (la croûte ayant été retirée), fondu au beurre.

🕮 Canapés à la Leczinski :

Il s'agit d'une recette mise au point par un restaurateur nancéïen et citée dans *l'Art du bien manger :*

« Épluchez quelques sardines ; ensuite, pilez-les à la fourchette en y ajoutant une quantité de beurre très frais ; assaisonnez de quelques gouttes de vin aigre, une petite cuillerée de moutarde, de sel, de poivre et un peu de persil haché très fin. Formez du tout une pâte bien lisse. Faites ensuite avec du pain de mie quelques croûtons taillés en carrés, ou en rond de 1 centimètre d'épaisseur, grillez-les, laissez refroidir, appliquez ensuite votre pâte, en forme bombée, sur ces croûtons et dressez sur une serviette. »

164.- Marie Leczinska, reine de France (1703-1768). Fille de Stanislas, roi de Pologne, elle épousa Louis XV en 1725 et lui donna dix enfants.

Les dames de Coulommiers et leurs potages de santé

165.- Catherine de Gonzague, duchesse de Longueville (1575-1639). Dessin anonyme de 1595, musée du Louvre, droits réservés.

Au XVIIe siècle, la petite ville de Coulommiers connut une animation particulièrement brillante, due essentiellement à la possession de ce fief par la famille issue du bâtard royal Dunois, les ducs de Longueville. L'épouse du duc Henri II, Catherine de Gonzague, fit construire pour les capucins de Coulommiers un couvent dont le parc est demeuré, et à son usage personnel un immense et somptueux château dont il n'est subsisté que les deux pavillons d'entrée.

Ceux-ci virent défiler, en cortège incessants, les plus grands personnages des règnes de Louis XIII et de Louis XIV, et il se trouvait dès lors dans l'ordre des choses que la plus fine romancière de ces temps de préciosité, Madame de la Fayette, en fît un jour partie. Les lieux l'impressionnèrent si fort que dans son livre *La Princesse de Clèves*, elle y situa la retraite de son héroïne.

166.- Marie-Madeleine Pioche de La Vergne, comtesse de La Fayette (1634-1693). Auteur de *La princesse de Clèves*, c'était un écrivain sobre et délicat. Gravure du XVIIIe siècle.

Précieuse, mais aussi janséniste, Madame de la Fayette pouvait avoir de la nourriture une conception quelque peu originale. C'est en tout cas l'impression que laisse, au moins en matière de potage, la lecture de l'une des lettres de Madame de Sévigné à sa fille. La prolixe et spirituelle épistolière (qui a elle-même laissé son nom à un consommé) raconte que « *Madame de la Fayette prend des bouillons de vipères qui lui redonnent une âme et lui donnent des forces à vue d'œil...* »

Ce potage de santé fait par trop penser aux mixtures des sorcières, et celui qui rappelle les ducs de Longueville, composé à partir d'ingrédients moins insolites et particulièrement sains, semble plus sérieusement qualifiable comme potage de... longue vie.

Potage Longueville :

Faites cuire dans une casserole d'eau salée 1 litre de petits pois, 1 poireau émincé et 1 laitue.
Égouttez les légumes et pilez-les au mortier, puis ajoutez un peu du jus de cuisson pour éviter que cette purée soit épaisse, et passez-la au tamis.
Recueillez dans la casserole la préparation ainsi obtenue, et mouillez-la avec du consommé de volaille jusqu'à ce qu'elle prenne la consistance d'une crème onctueuse.
Portez à ébullition sur feu vif pendant quelques minutes, retirez du feu et ajoutez 2 jaunes d'œufs et 2 cuillerées à soupe de crème fraîche.
Passez à la mousseline et garnissez de gros macaronis préalablement cuits à l'eau et émincés.

167.- Vue et perspective du château de Coulommiers-en-Brie, gravure du XVIIe siècle.

Les pets de nonnes ou la petite histoire d'une grande réconciliation

Les démêlés de Bossuet avec l'abbesse de Jouarre remplirent de leurs éclats le Grand Siècle briard, et occupent encore quelques esprits érudits de notre temps. Il n'est pas dans notre propos d'évoquer cette affaire nourrie de consultations de docteurs en Sorbonne et de sentences du Parlement plus austères les unes que les autres, mais il peut être intéressant de préciser qu'en l'occurrence le terme « abbesse de Jouarre » doit être entendu dans son sens générique, car c'est en fait avec deux religieuses ayant exercé successivement ces fonctions que le fameux évêque de Meaux se trouva en litige, entre 1689 et 1695 :

- D'abord Henriette de Lorraine, fille du duc de Chevreuse, avec laquelle l'affaire commença à propos d'un conflit de juridictions et se poursuivit en une véritable guérilla de procédure incluant des débats sur des questions telles qu'une redevance de dix-huit muids de grains payés par l'abbaye à l'évêché depuis l'an 1225 !
- Ensuite Anne-Marguerite de Rohan, qui après démission de la précédente, reprit la lutte à sa place malgré un procès perdu, et vint finalement à résipiscence, à la suite de l'intervention de Louis XIV, las de ces querelles de sacristies.

168.- Meaux – la cathédrale, statue de Bossuet érigée en 1820.

C'est donc à la seconde que doit être attribué le mérite de la réconciliation et... des pets de nonnes, même s'il apparaît qu'après l'affaire, Bossuet ne revint à Jouarre qu'une seule fois, le 9 mai 1701, soit six années après la transaction.

Mais les moniales de Jouarre devaient passer pour avoir une bonne table. Déjà au temps d'Henriette de Lorraine, Tallemant des Réaux faisait état dans ses *Historiettes* des recommandations de M. de Chevreuse à sa fille de *« faire bonne chère et de la faire aussy à ses religieuses »*. C'est une telle réputation qui a dû laisser accréditer cette charmante anecdote présentant le rare caractère de concilier le péché de gourmandise et la charité chrétienne :

À l'issue du différend, Bossuet se serait donc rendu en visite à Jouarre où l'abbesse l'aurait traité magnifiquement, faisant notamment servir, au dessert, des gâteaux inédits, ronds comme les pommes de reinette, et plus légers qu'elles encore.

Bossuet ayant demandé à son hôtesse comment s'appelaient ces pâtisseries inconnues de lui, l'abbesse lui aurait répondu : *« Monseigneur, la paix des nonnes ! »*

C'est de ce nom qu'une déformation populaire aurait fait les « pets de nonnes », dont voici la recette :

📖 PETS DE NONNE :

Délayez de la farine dans un peu d'eau. Dans une casserole faites bouillir un mélange de lait (un demi-litre), de fleur d'oranger sucrée et de beurre, le tout légèrement salé. Quand ce mélange commence à bouillir, versez-y la farine délayée en tournant lentement avec une spatule jusqu'à ce que la pâte devienne épaisse et bien cuite. Retirez du feu, puis incorporez un à un dans la pâte quatre œufs, sans cesser de tourner. Jetez ensuite dans de la friture bien chaude des noix de pâte à l'aide d'une cuillère et retirez-les lorsqu'elles sont cuites.

169.- Jouarre (canton de La Ferté-sous-Jouarre) – abbaye des bénédictines, l'aumônerie vers 1930.

Fastes de l'Empire en Seine-et-Marne, Val-de-Marne et Marne

Le hasard a voulu que depuis les portes de Paris jusqu'à celles de la Champagne s'étire une suite de domaines ayant appartenu à des personnages marquants du Premier Empire. Parmi eux se sont insinués quelques autres, mais ils appartiennent à la période révolutionnaire, c'est-à-dire à la même génération, et leurs ombres sont tout autant sympathiques.

Aussi l'itinéraire que nous allons parcourir en compagnie des uns et des autres, traversant la Brie par le milieu de Seine-et-Marne, ressemblera à bien des égards à une promenade de charme. Elle sera également, puisque c'est l'essentiel de mon propos, une promenade gourmande...

170.- Sortie de restaurant au début du Consulat, aquarelle de Pierre Munier.

Grosbois : les perdreaux du grand veneur impérial

Passé entre de nombreuses mains, presque toutes fort illustres, Grosbois est avant tout un château de chasse. Il fut rare que plusieurs générations s'y succèdent, sauf chez les Harlay, famille de parlementaires, aux XVIIe et XVIIIe siècles, et les Berthier, arrivés en 1804 en la personne du maréchal, duc de Wagram, grand veneur de France.

171.- Boissy-Saint-Léger (Seine-et-Oise) – le château de Grosbois dans les années 1930.

Ce magnifique domaine de quatre cent cinquante hectares, à dix-huit kilomètres de Paris, trouvait ainsi la confirmation de son destin... et l'occasion de grandes recettes de cuisine. Assez curieusement, c'est à celles qui s'appliquent aux perdreaux que les noms de Berthier et de Wagram ont été l'un et l'autre associés. C'est là assurément petit gibier pour un grand veneur, mais nous savons que ses hôtes ne dédaignaient pas de tirer les lapins... lâchés à cet effet.

Plus tard, ses héritiers donnèrent à Grosbois de fastueux dîners, et le charmant Gabriel-Louis Pringué, dans un livre intitulé *Portraits et fantômes*, se souvenait d'une soirée de réveillon avant 1914 : « *La table était recouverte d'une nappe vert d'eau et dans d'immenses coupes de Sèvres impérial, vertes et blanches, dont l'Empereur Napoléon avait fait don au maréchal Berthier alors qu'il était à demeure à Grosbois, il y avait des pyramides de fruits qui formaient de merveilleux surtouts dont la couleur glauque s'harmonisait avec le linge et le service de table, qui était en argent massif.* »

Dans un autre livre de souvenirs, intitulé *Trente ans de dîners en ville*, il décrit la visite à Grosbois du gastronome Ali-Bab (pseudonyme de l'ingénieur des mines Henri Babinski), très connu au début du siècle comme auteur d'une *Gastronomie pratique* : « *Je ne me souviens pas de la totalité du menu ce jour-là, mais je me rappelle qu'il y avait une capilotade de faisans, un lièvre à la Royale farci de foie gras et un petit cochon de lait grillé dans les olives, les noix et les amandes. Je vois encore le gros Ali-Bab, sa serviette nouée autour du cou, ce qui scandalisait les dames présentes, devant une assiette archi-pleine de lièvre à la Royale, les yeux béatement levés vers le plafond, goûtant dans un délire intérieur toute la bonté du plat. La comtesse G. de Montesquiou, sa voisine, qui ne pense qu'à être aimable voulut lui faire un frais, lui adressa la parole de sa voix chantante. Il la terrassa d'un coup d'œil et répondit tout en mastiquant avec volupté : "Madame, quand on déguste une telle merveille, on ne parle pas. On goûte avec sensualité. On médite avec émotion. On rêve avec gratitude".* »

172.- *La voisine de table*, par Abel Faivre.
« ...Je peux vous confier que j'ai choisi pour ma petite Yvonne une poupée admirable, jolie comme un cœur, habillée à ravir et qui parle comme vous et moi.
— Comme vous, madame, c'est suffisant. »

📖 Perdreaux à la Berthier :

Flambez deux perdreaux et videz-les. Bridez-les et bardez-les de lard. Réservez les abattis (ailes et pattes).
D'autre part flambez et videz une bécasse, puis désossez-la en réservant les intestins et la carcasse.
Faites revenir dans un peu de beurre la chair de la bécasse, passez-la au tamis (au mixer) en même temps que les intestins, une petite truffe cuite et 100 grammes de foie gras d'oie.
Incorporez à la farce ainsi obtenue 50 grammes de crème fraîche et presque autant de beurre. Assaisonnez en sel et en poivre et réservez au chaud.
Concassez la carcasse de la bécasse et les abattis de perdreaux et mettez-les au fond d'une grosse sauteuse avec une échalote émincée et une petite gousse d'ail non épluchée. Posez dessus les perdreaux assaisonnés et beurrés, et faites-les cuire à point.
Retirez ensuite les perdreaux de la sauteuse, et déglacez celle-ci avec une cuillerée à soupe de fine champagne et 1/4 de litre de fond de veau ; portez à ébullition.
Après 5 minutes, retirez du feu la sauce ainsi obtenue et passez-la au chinois.
Faites frire dans du beurre 6 petits croûtons de pain de mie, tartinez-les avec la farce et passez-les à four doux pendant 5 minutes.
Présentez sur un plat long les perdreaux entourés des croûtons farcis, avec un peu de cresson aux extrêmités.
Humectez les perdreaux d'un peu de sauce et conservez la majeure partie de celle-ci afin de la servir à part.

173.- Louis-Alexandre Berthier, prince de Wagram, maréchal de France (1753-1815).

🕮 Perdreaux à la Wagram :

Cette recette est due à Carême, le grand chef de cuisine de l'époque impériale, à qui je laisse… la plume.

> *« Préparez trois beaux perdreaux pour entrée, couchez-les sur un hatelet ; pelez au vif deux citrons que vous émincerez et épépinerez, couvrez-en l'estomac des perdreaux ; recouvrez de lard, et dessus le lard une mirepoix à sec… ; trois quarts d'heure au feu de broche ; débridez et dressez ; ayez soin de recueillir l'essence qu'auront rendue les perdreaux et la mirepoix ; dégraissez et versez-la dans une essence de perdreaux à l'espagnole, à laquelle vous ajouterez un jus de bigarade pour saucer et servir, et le reste émincé blanchi. »*

☞ Sauce mirepoix : *voir Culotte de bœuf à la d'Aguesseau.*

☞ Sauce espagnole : *voir Culotte de bœuf à la d'Aguesseau.*

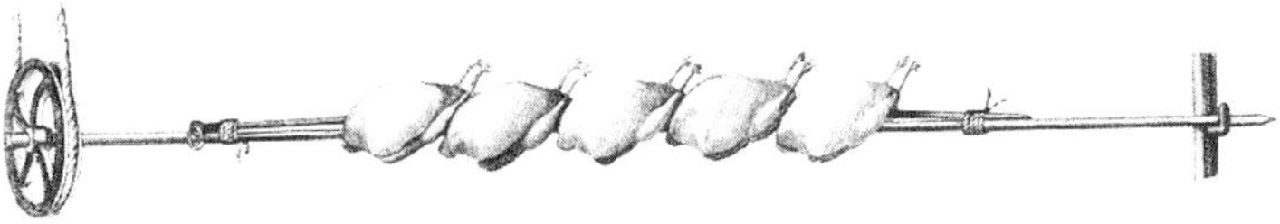

Savigny-le-Temple : les origines méridionales d'une dynastie nordique

Sur les confins du Val-de-Marne, puisqu'en bordure de la forêt de Rougeau, le château de la Grange-Prévôté est situé sur le territoire de Savigny-le-Temple, donc de Seine-et-Marne. Il est peu connu qu'il appartint au maréchal Bernadotte, qui y fit plusieurs séjours avant son accession au trône de Suède.

174.- Savigny-le-Temple (canton de Melun-nord) – le château de la Grange – la Prévôté avant 1914.

Les deux recettes dites œufs à la Bernadotte semblent être demeurées, elles aussi, ignorées. Voici l'occasion d'en tirer une de l'oubli.

🕮 Œufs à la Bernadotte :

Enduisez une terrine avec du beurre, puis parsemez celui-ci d'un fin hachis de truffes et de persil.
Versez dans cette préparation des œufs crus battus.
Faites cuire au bain-marie.
Servez recouvert de beurre de sardine.

Il semble que les ingrédients évocateurs de la Gascogne (truffes) et de la Provence (sardines) aient pour objet de rappeler les origines méridionales du roi de Suède, né à Pau, et de son épouse la Marseillaise Désirée Clary.

175.- Charles Bernadotte, maréchal de France (1763-1844). Ce soldat de la Révolution devint roi de suède sous le nom de Charles XIV.

Pontault-Combault : la cantine de Madame Sans-Gêne

Elle était entrée dans la légende avant de l'être dans le répertoire, mais le second a renforcé les effets de la première… au détriment de la vérité historique. S'il est vrai que, lorsqu'elle épousa le sergent Lefebvre, futur maréchal d'Empire, Catherine Hübscher était blanchisseuse rue Poissonnière, elle ne fut jamais cantinière ni même surnommée « Sans-Gêne ».

Ces deux traits ont été empruntés à un autre personnage réel de cette époque, Thérèse Figueur, par Victorien Sardou et Émile Moreau, pour les besoins de leur célèbre comédie. Mais les manières (ou plutôt l'absence de manières) de celle qui était devenue la maréchale Lefebvre, duchesse de Dantzig, avait de quoi les inspirer largement. C'est elle qui, au sortir de table chez Talleyrand, lança un soir au maître de maison, imperturbable selon son habitude : *« Citoyen ministre, vous nous avez donné là un fameux fricot ! »*

176.- La maréchale Lefebvre. École française du XIXe siècle.

Le château de Pontault-Combault, devenu hôtel de ville, conserve le souvenir de cette excellente femme, et c'est à travers lui que j'évoquerai les œufs pochés Sans-Gêne et le ris de veau Madame Sans-Gêne.

177.- Pontault-Combault (canton de Tournan) – le domaine de Combault, le potager et la serre avant 1908.

Œufs pochés Sans-Gêne :

Faites pocher 6 œufs frais. Dressez-les sur autant de fonds d'artichauts cuits à la vapeur. Saucez les œufs d'une sauce moëlle et posez sur chacun d'eux une petite escalope de moëlle pochée à l'eau salée.

☞ Sauce moëlle : *réduction de vin blanc avec échalote, thym, laurier, queues de persil, assaisonnée de sel et poivre, puis mouillée d'un fond brun et laissée à réduire ; servie avec de petits dés de moëlle blanchis à l'eau salée.*

Ris de veau Madame Sans-Gêne :

Le ris de veau doit être cuit à la vapeur, recouvert de petites têtes de champignons et nappé de sauce Colbert (une amusante coïncidence si l'on pense à la proximité entre Pontault-Combault et l'ancien domaine des Colbert à Croissy-Beaubourg.

☞ Sauce Colbert : *voir Croissy et Torcy, Souvenirs culinaires des Colbert.*

178.- *Madame Sans Gêne.* Acte III : la note de la blanchisseuse, image-prime de Liebig vers 1890.

Les expériences culinaires de M. de Bougainville

Louis-Antoine, comte de Bougainville, illustre navigateur et premier français à avoir fait le tour du monde, trouve sa place dans cette suite napoléonienne avec son titre de noblesse concédé sous l'Empire, puis sa sépulture au Panthéon, en 1811.

Il avait fait ses expéditions à la fin de l'Ancien Régime, au cours d'une carrière bien remplie que ce fils de notaire avait commencée, pour complaire à son père, par une autre voie : docteur en droit, avocat, secrétaire d'ambassade.

Sa présence en Seine-et-Marne se situe dans le temps entre 1785 et 1809, et dans l'espace à Fourches, puis à Grisy-Suisnes dont il fut le châtelain. Il y a laissé le souvenir de cette simplicité et de cette bonté qui sont souvent le propre des véritables innovateurs et des grands savants.

179.- Grisy-Suisnes (canton de Brie-Comte-Robert) – le château de Suisnes vers 1904.

Dans sa retraite briarde, il s'intéressa à la culture de plantes tropicales qui lui rappelaient ses voyages : palmiers, bananiers, ananas, sans compter les fameuses bougainvillées et nous savons, par le descendant de son jardinier (Cochet-Cochet, lui-même horticulteur et auteur de *la Brie ancienne*) que les fruits exotiques ainsi obtenus étaient tout à fait consommables.

Il en rapporte même une curieuse utilisation : « *À diverses reprises, les bananes récoltées au château servirent à la confection d'un mets absolument inconnu dans la Brie.*

« *L'amiral de Bougainville avait ramené de l'un des ses grands voyages une race de chiens dont les naturels d'un pays (Tahiti, je crois) lui avaient fait manger la chair qu'il avait trouvée très bonne.*

« *Il voulut en manger, à nouveau, à Suisnes et en faire goûter à ses amis.*

« *On tuait l'animal qui était naturellement très gras, on le dépouillait et on le vidait. La peau était complètement débarassée de ses poils. On remplaçait les intestins par un même volume de bananes, on recouvrait le chien de sa peau qui était soigneusement cousue et on l'entourait de feuilles de bananiers.*

180.- Louis-Antoine comte de Bougainville, navigateur (1729-1811).

« D'autre part, pour employer le même code de cuisson que le pays d'origine de cette race de chiens, on faisait, dans le sol du parc, un trou en forme de cuvette et suffisamment grand pour contenir l'animal. On garnissait les parois de ce trou avec des pierres sèches formant revêtement et on y allumait un vif feu de bois pour porter les pierres à la température d'un four de boulanger. On enlevait le feu et la cendre quand la température voulue était atteinte. On déposait alors le chien dans ce four improvisé et on fermait le haut de la cuvette par trois ou quatre pierres plates, également très fortement chauffées. On les recouvrait de cendres chaudes et on laissait cuire à point le chien et son contenu. »

Et Cochet-Cochet ajoute : *« Mon grand-père affirmait que ce singulier rôti était non seulement très mangeable mais encore réellement bon. C'était, du reste, l'opinion de toutes les personnes de Grisy-Suisnes qui ont eu l'occasion d'en goûter. »*

Les raisons les plus respectables, auxquelles participent la loi Gramont, Mme Bardot et saint François d'Assise, s'opposant désormais à la réalisation d'une telle expérience, le souvenir briard de M. de Bougainville sera illustré par deux recettes dans lesquelles les bananes constituent, seules, l'ingrédient principal. Il s'agit des bananes au beurre et des bananes au four, que rien ne vous empêche de faire cuire entre des pierres chauffées.

🕮 Bananes au beurre :

Choisissez des bananes mûres à point, pelez-les et retirez-en les filandres.
Beurrez une terrine de forme ovale et disposez-y les bananes.
Arrosez-les de beurre fondu et poudrez-les de sucre.
Faites cuire à four moyen pendant 15 minutes.

🕮 Bananes au four :

Faites cuire le nombre souhaité de bananes, non pelées, pendant 20 minutes à four moyen.
Au moment de servir, retirez au couteau une côte de la peau sur chacune des bananes.
Servez celles-ci avec du beurre fondu et du sucre en poudre, ou avec une gelée de fruits rouges ou, pourquoi pas, de la confiture de roses, par allusion aux roseraies de Grisy-Suisnes, dont les débuts furent encouragés par M. de Bougainville, explorateur, botaniste et gastronome.

La Grange-Bléneau à Courpalay : les grandes réunions de l'amitié franco-américaine

Par rapport à cette série impériale, et bien qu'appartenant à la même génération, le général de La Fayette se situe en rétrospective sur l'époque révolutionnaire, voire sur l'Ancien Régime avec sa dernière page de gloire, la guerre d'Indépendance américaine ; ou, inversement, en projection vers l'avenir avec son rôle au cours de la révolution de 1830.

Retiré au château de la Grange-Bléneau à Courpalay, il s'était fait très discret entre ces deux périodes, mais son prestige à l'étranger, et tout particulièrement aux États-Unis, attirait dans sa retraite de nombreux visiteurs de marque. En temps ordinaire, il s'adonnait à des expériences agronomiques, créant un élevage de 1 200 moutons mérinos.

181.- Coupalay (canton de Rosay-en-Brie) – le château de La Grange-Bléneau vers 1950.

Même s'il s'agit de bêtes à laines plutôt qu'à chair, c'est peut-être à leur présence que le nom de La Fayette a dû d'être associé à une façon d'apprêter la selle de mouton. Le maître de la Grange-Bléneau était d'ailleurs préoccupé par la gastronomie, puisqu'il demeure une lettre de lui, momentanément éloigné, dans laquelle il demandait à son épouse Adrienne de recruter un cuisinier *« qui sache bien fricasser »*.

C'est toutefois une recette au grill, celle du « poulet à l'américaine » qui rappellera le souvenir du « héros des Deux-Mondes ».

📖 Selle de mouton La Fayette :

Faites rôtir la selle de mouton ; servez-la entourée de tomates farcies, de fonds d'artichauts garnis de petites carottes taillées, de croustades à farine de châtaignes et de tartelettes aux haricots verts, avec une sauce madère.

Poulet à l'américaine :

Après l'avoir nettoyé et flambé, ouvrez un poulet par incision dans le dos. Aplatissez-le et humectez-le de beurre fondu.
Mettez-le à cuire sur un grill, à feu modéré. Retournez-le pour qu'il cuise des deux côtés.
Après cuisson complète, enduisez le poulet de moutarde (de Meaux bien sûr ! La Fayette en a été député), puis de chapelure.
Remettez le poulet à feu vif sur le grill, juste pour lui faire prendre couleur. Dressez-le sur un plat.
Faites griller 10 tranches de bacon coupées minces et posez-les sur le poulet. Autour, disposez des pommes de terre cuites à la vapeur.
Servez avec, à part, une sauce américaine.

☞ Sauce américaine : *faites fondre à la sauteuse, dans une cuillerée d'huile, une cuillerée d'oignon haché ; ajoutez une cuillerée d'échalote hachée et 2 tomates épluchées, épépinées et hachées, ainsi que du thym et du laurier hachés. Assaisonnez de poivre et de sel.*
Mouillez avec un verre à porto de vin blanc et 2 cuillerées de cognac flambé. Faites réduire sans cesser de remuer. Ajoutez 2 cuillerées de sauce tomate, autant de jus de veau et faites bouillir pendant 5 minutes.
Retirez du feu et ajoutez 100 grammes de beurre, 1 cuillerée d'estragon et autant de cerfeuil, l'un et l'autre hachés, ainsi que quelques gouttes de citron.

182.- Marie-Joseph Motier, marquis de La Fayette (1757-1834). Héros de l'indépendance américaine, il eut un rôle important au début de la Révolution de 1789 et dans la révolution de 1830.

Mareuil-sur-Ay : œufs poétiques et champagne militaire

Au bout de ce parcours, le château de Mareuil-sur-Ay est situé dans le département de la Marne, mais encore en Brie. On parle en effet couramment, à propos du terroir situé entre Meaux, Château-Thierry et Montmirail, de Brie champenoise.

Dans le contexte de la Révolution et de l'Empire, cette élégante demeure reste inséparable de deux des figures les plus séduisantes de cette époque, le poète André Chénier et le maréchal Lannes, duc de Montebello.

Le premier, alors un tout jeune homme, s'éprit en 1778 de Mlle de Dommangeville. Elle vivait dans cette maison où, quinze années plus tard, devait être arrêtée Aimée de Coigny, qui inspirerait au même Chénier, son codétenu à la prison Saint-Lazare, et toujours aussi inflammable, son *Ode à une jeune captive*. Inexplicable caprice de Clio !

Plus tard, en 1830, Mareuil fut acheté par le deuxième duc de Montebello, fils du maréchal Lannes. Le nouveau propriétaire transporta sur place de nombreux souvenirs de son père, parmi lesquels un beau portrait qui représente, très jeune encore, le maréchal qui trouva la mort sur le champ de bataille d'Essling, à l'âge de trente-huit ans.

En ce pays de vignoble, les Montebello créèrent la marque de champagne qui porte leur nom. Cette activité nous fait passer sans transition de l'histoire à la gastronomie, avec des recettes évocatrices des personnages de Mareuil et de son activité viticole.

183.- André Chénier (1762-1794). Les œuvres de ce poète au style pur, délicat et raffiné, victime de la Terreur, ne furent publiées qu'en 1819.

184.- Jean Lannes, duc de Montebello (1769-1809). Nommé maréchal en 1804, il fit toutes les campagnes de la Grande Armée de 1805 à 1807.

Œufs mollets Chénier :

Préparez du riz pilaf, relevez-le au safran ; remplissez-en de petits ramequins circulaires ; disposez le riz démoulé en autant de socles sur lesquels vous disposerez des œufs mollets (cuits 6 minutes dans l'eau bouillante). Entourez chaque socle de rondelles d'aubergines frites, et nappez les œufs de sauce tomate.

185.- Publicité américaine pour le champagne Montebello.

Œuf au lard à la Coigny :

C'est une recette citée par Alexandre Dumas :

« Prenez huit œufs frais et les pochez un à un dans du saindoux ; qu'ils soient de belle couleur ; faites autant de petits croûtons de la grandeur d'un écu ; prenez du petit lard que vous couperez en dés ; quand les œufs seront frits, faites aussi frire des croûtons de pain et le petit lard ; prenez le plat que vous devez servir, mettez les croûtons de pain dessus, les œufs sur les croûtons et le petit lard sur les œufs ; ayez une essence ou simplement un filet de vinaigre et servez chaud. »

Brochet à la Montebello :

Dépouillez le brochet sur un côté, et remplissez l'intérieur de farce à poisson, en enduisant également de celle-ci le côté dépouillé. Posez sur le brochet de petits filets de sole aplatis et cloutés aux truffes. Dans une poissonnière, faites braiser au vin blanc (ou au vin de Champagne Montebello) sur un fond d'aromates. Couvrez et faites cuire 20 à 30 minutes suivant la grosseur du brochet. Retirez le brochet de la poissonnière et posez-le sur un tampon de riz. Nappez-le de sauce au vin blanc au beurre d'anchois. Garnissez de croquettes de queues d'écrevisses, de barquettes garnies de laitance et d'huîtres, et d'écrevisses troussées. La sauce est un mélange de jus de citron, de beurre de sardine et d'huîtres écrasées ; elle est servie à part.

Rognons de moutons au vin de Champagne :

Coupez les rognons en une quinzaine de filets chacun ; faites-les fricasser à la poêle avec beurre, persil, ciboulette, ail haché menu, sel et poivre.
Lorsque les rognons sont cuits, arrosez-les d'un filet de vin de Champagne ; à compter de ce moment-là, ne faites plus bouillir, au risque de voir les rognons se racornir.

Les fermes de M. l'archichancelier

Même si notre périple peut sembler avoir un terme à Mareuil-sur-Ay, son thème impérial et culinaire serait incomplet si nous nous abstenions d'une visite à Moussy-le-Neuf, ce qui nous fait changer de route. De route, mais non de propos, car Jean-Jacques Régis de Cambacérès, qui après avoir été le premier rédacteur du Code Napoléon, devint archichancelier d'Empire, c'est-à-dire le deuxième personnage de l'État, tenait sa place en Seine-et-Marne et... à table.

Certes, son château du Plessis-Belleville est situé dans le département de l'Oise, mais le domaine débordait largement sur le territoire seine-et-marnais avec les fermes de Saint-Ladre à Othis et des Clos à Moussy-le-Neuf. Dans cette localité, la rue principale rappelle toujours le nom de la famille Cambacérès, se trouvant ainsi homonyme de nombre de préparations fameuses en grande cuisine.

L'archichancelier fut, en plus du premier juriste de son temps, le premier gastronome, ce que Talleyrand ne lui pardonnait pas. Un temps second consul, il convainquit le premier, peu facile puisqu'il s'agissait de Bonaparte, de la nécessité de gouverner par la table, ce qui méritait bien de voir son souvenir associé avec autant de recettes. Les plus connues se rapportent à une timbale de macaroni aux foies gras, à une truite saumonée, à un chaud-froid de perdreaux, et à un potage que voici.

186.- Jean-Jacques de Cambacérès, duc de Parme (1753-1824). Jurisconsulte, il fut conventionnel, promoteur du Code civil, 2e consul, archichancelier de l'Empire.

Potage Cambacérès :

Faites un roux avec 60 grammes de beurre et 50 grammes de farine.
Mouillez-le avec un litre et demi de consommé de volaille, et ajoutez-y la carcasse et les cuisses d'un pigeon dont vous aurez réservé les ailes.
Portez le consommé à petite ébullition, et lorsque la carcasse et les cuisses du pigeon sont cuites, retirez-les et passez au chinois le bouillon, qui devient ainsi un velouté.
Ajoutez 75 grammes de beurre d'écrevisses et, au tout dernier moment, 3 cuillerées de crème fraîche et 50 grammes de beurre.
Avec les ailes de pigeon et des demi-queues d'écrevisses, faites de petites quenelles dont vous garnirez le potage au moment de servir en soupière.

De Vaux-le-Vicomte à Fontainebleau à travers bois

L'agglomération de Melun n'est pas bordée par la seule forêt de Fontainebleau, vers le sud. À l'est, derrière Maincy, un petit bois un peu à l'écart enserre le château de Vaux-le-Vicomte, comme la grande sylve bellifontaine sert d'écrin à celui des rois, des empereurs et de la république.

Entre les deux, séparé de Bois-le-Roi par la Seine, le buisson de Massoury assure la persistance de l'univers forestier, et il est ainsi possible de relier par un parcours sous bois le joyau créé par le trop magnifique Fouquet et celui patiemment accru et poli par tous les régimes qui se sont succédés en France. Exemple unique de part et d'autre.

Entre les deux, le domaine de Bellefontaine à Samois évoque des souvenirs peut-être moins liés à notre histoire nationale, mais qui ne le cèdent en rien à ceux de ses voisins en ce qui concerne la cuisine française de prestige et son rayonnement chez les grands de toute l'ancienne Europe.

187.- Maincy (canton de Melun-nord) – le château de Vaux-le-Vicomte vers 1938.

Louis XIV à Vaux-le-Vicomte ou un dîner revenu bien cher

En recevant Louis XIV à Vaux-le-Vicomte, le 17 août 1661, Nicolas Fouquet, surintendant des Finances, voulait surpasser tout ce qui s'était fait dans le genre. C'était déjà bien le cas pour la construction, car ni Fontainebleau ni Saint-Germain-en-Laye, alors les seules demeures de plaisance royales, ne pouvaient rivaliser avec la merveille d'architecture conçue par Le Vau, décorée par Lebrun et entourée de jardins par Le Nôtre.

188.- Maincy (canton de Melun-nord) Vaux-le-Vicomte vers 1895.

Ce fut l'erreur du maître des lieux, qui ne devina ni les soupçons que de tels moyens personnels venaient confirmer au sujet de sa gestion des deniers royaux, ni l'ombre qu'il portait au Soleil encore levant.

Le souper, organisé pour six mille invités par Vatel, fut servi sur trente buffets et quatre-vingts tables. Celle du cercle royal descendit du plafond, se posant au son d'un orchestre invisible devant les convives. Tous s'émerveillaient devant un bassin rempli d'eau de mer, où des poissons vivants se déplaçaient comme dans leur milieu d'origine, avant d'être transformés en mets que leur fraîcheur rendrait plus délicieux encore. Cinq cents douzaines d'assiettes d'argent, trente-six douzaines de plats et un service en or massif furent utilisés, Fouquet ayant poussé la flagornerie à en faire jeter ostensiblement dans les douves les plus belles pièces, après que le roi eût mangé dedans.

189.- Louis XIV, roi de France (1638-1715). Ce monarque absolu n'avait qu'un seul défaut, mais de taille : il se considérait comme le représentant de Dieu sur terre.

190.- Nicolas Foucquet ou Foucquet (1615-1680). Les malversations et dilapidations de ce surintendant des Finances, protecteur des hommes de lettres et des artistes, furent découvertes par Colbert.

Il en coûta cent mille livres et... la liberté à Nicolas Fouquet, qui fut arrêté à Nantes le 5 septembre suivant, traduit en jugement et condamné au bannissement. La peine fut commuée par le roi en emprisonnement à vie, ce qui constitue sans doute un exemple unique de commutation d'une peine en une autre plus lourde...

Vatel trouva un nouveau protecteur en la personne du prince de Condé, qui traita Louis XIV presque aussi magnifiquement dix ans plus tard à Chantilly. C'est à cette occasion que Vatel, ainsi que l'a rapporté Mme de Sévigné dans deux lettres demeurées fameuses, se fit passer au travers du cœur son épée appuyée contre une porte, se croyant déshonoré parce que la marée n'arrivait pas. À l'aube de ce vendredi 24 avril 1671, on en attendait des quantités exceptionnelles, toute la cour séjournant à Chantilly et devant faire maigre ce jour-là : *« ...Il tombe mort. La marée cependant arrive de tous côtés ; on cherche Vatel pour la distribuer, on va à sa chambre, on heurte, on enfonce la porte : on le trouve noyé dans son sang... »*

Voici, en souvenir de cette victime de l'honneur professionnel, trois recettes auxquelles a été donné son nom, d'abord une pour le poisson, puis une pour le gibier, et enfin un gâteau.

🕮 Turbot à la Vatel :

Prenez un turbot de 4 kilogrammes, habillé, lavé et épongé.
Pratiquez une incision le long de son arête dorsale en face de la peau noire. Écartez les chairs, assaisonnez-les de sel et de poivre.
Enduisez une plaque de cuisson avec 100 grammes de beurre, puis parsemez-la avec 4 échalotes finement hachées. Couchez sur la plaque le turbot, côté peau noire dessous.
Mouillez-le avec le contenu d'une bouteille de vin rouge (Mâconnais) et un demi-litre de fumet de poisson. Couvrez-le entièrement avec du papier sulfurisé beurré.
Mettez-le cuire au four pendant 40 minutes. Après la cuisson, récupérez le jus dans une sauteuse et faites-le réduire de 3/4. Ajoutez 1,5 litre de sauce genevoise et faites cuire pendant 10 minutes. Passez au chinois, rectifiez l'assaisonnement. Ajoutez 250 grammes de beurre.
Disposez autour du turbot une purée Duchesse : 200 grammes de pommes de terre cuites à la

191.- Vatel († 1671) , intendant (aux cuisines, selon Jean Arnaboldi) de Foucquet, puis du grand Condé.

vapeur, liées avec 3 jaunes d'œufs et un peu de beurre et de lait.
Nappez le turbot avec la sauce. Servez avec, tout autour, une garniture composée en alternance de concombres et de filets de soles préparés comme suit :
– les concombres : épluchés, coupés en tronçons de 5 centimètres de long, évidés, assaisonnés, dégorgés, puis remplis de farce de poisson et étuvés pendant 20 minutes dans une sauteuse beurrée.
– les filets de sole : passés dans la farine, puis dans un œuf battu avec huile, sel et poivre, et enfin dans de la mie de pain passée au tamis ; enfin, roulés et frits.

Faisan à la Vatel :

Il s'agit d'une recette d'un gastronome du début du XXe siècle, Edmond Richardin :

« Préparez un faisan, emplissez-le de lamelles de truffes après y avoir mélangé le foie et l'intérieur pilés. Ébouillantez avec du marsala des foies de canards piqués de clous de truffes, placez-les dans la lèchefrite ; embrochez le faisan, faites-le rôtir au-dessus de ce canapé à la flamme brillante de bois de sarments ; assaisonnez. Débrochez sur les foies que vous aurez placés sur des croûtons grillés et servez avec une garniture de rondelles de citron. »

Gâteau Vatel :

Voici la recette du gâteau dit « Vatel », selon le *Nouveau Mémorial de la Pâtisserie* :

« Faire un biscuit vanille avec 10 blancs bien fermes, 250 grammes de sucre, 125 grammes d'amandes et 125 grammes de noisettes broyées et passées au tamis, et vanille. Coucher à la poche sur feuille de papier forme ronde, garnir de crème au beurre noisette par 3 abaisses, masquer même crème, amandes hachées grillées autour. Décorer crème noisette, avec noisettes sur chaque rosace et inscrire "Vatel" ».

Les princes russes de Samois

192.- Nicolas Sergueievitch Troubetzkoï (1890-1938)

Trois générations de princes russes ont marqué Samois entre les folles années du second Empire et les Années folles 1920 : Nicolas Ivanovitch Troubetzkoï, son gendre Nicolas Alexeïvitch Orlov, ambassadeur de Russie à Paris de 1872 à 1884, et Wladimir Nicolaïevitch Orlov, leur petit-fils et fils, maîtres successivement du château de Bellefontaine.

Avant de devenir un refuge à partir de la Révolution de 1917, ce domaine proche de Fontainebleau était pour eux une villégiature où ils trouvaient le dépaysement de la douce France, même si les pins de la forêt sont issus de plants offerts à Louis XVI par la Grande Catherine. Les boyards s'acclimatèrent d'ailleurs aussi bien que les arbres, et le souvenir de leurs bienfaits s'est longtemps maintenu dans la région.

193.- Samois-sur-Seine (canton de Fontainebleau) – la terrasse du restaurant Begat, vers 1917 ou 1918.

Celui de leur table également, ne manquant pas à la réputation des amphitryons des bords de la Neva et de la Moskova, dont les noms reviennent si souvent sur les menus de jadis et de maintenant : depuis ceux de la famille impériale avec l'aspic du tsar, l'esturgeon à la tsarine, l'entrecôte Nicolas II, le saumon Fédorovna, le consommé Tsarévitch ou les crèpes au caviar à la Romanov, jusqu'à ceux des grandes familles, sur lesquels on pourrait même composer tout un dîner de gala : potages Dolgorouki, Potemkine et Vorontzov, sole Kotschoubey, langue de bœuf Mentchikov, ragoût Tolstoï, bœuf Stroganov, faisan à la Demidov, gélinotte Souvarov, bécasse Princesse Galitzine, œufs farcis Princesse Bagration, salade Brianski, poires Chouvalov...

Toutes ces opulentes maisons employaient des chefs de cuisine français, qui désignaient leurs trouvailles du nom du grand seigneur pour qui ils officiaient, autocrate en tête. Ce fut le cas, chez les princes Orlov, du fameux Urbain Dubois.

En souvenir des deux nobles familles francophiles de Samois, voici trois recettes : la sole Troubetzkoï, le cuissot de chevreuil Prince Orlov et la salade Orlov.

Sole Troubetzkoï :

Les filets de sole, roulés, sont cuits dans du vin de Champagne, puis disposés sur des tartelettes de pâte feuilletée garnies de laitance de carpe, arrosées d'une sauce faite du jus de cuisson additionné de sauce hollandaise tiède et de grains de caviar.

Cuissot de chevreuil prince Orlov :

Faites rôtir le cuissot au four sur une plaque, avec du beurre, des carottes et des oignons entiers, un bouquet garni et une cuillerée de bouillon.
Aussitôt cuit, retirez-le du four et déglacez la plaque avec une demi-bouteille de vin de Champagne.
Faites ensuite réduire ce fond aux 2/3, passez-le et rectifiez l'assaisonnement. Servez-le en saucière en même temps que le cuissot rôti. Présentez également, à part en compotiers, une purée de marrons et une marmelade de pommes.

Salade Orlov :

Émincez très finement en julienne 2 fonds d'artichauts, 150 grammes de céleris-branche et 2 tomates, ainsi que 150 grammes de jambon, 150 grammes de blanc de volaille, 100 grammes de spaghetti cuits « al dente » et encore tièdes, 100 grammes de champignons crus et une truffe.
Réservez quelques lamelles de tomates et de truffes. Mélangez tout le reste et liez-le avec 1/4 de litre de sauce mayonnaise épaisse additionnée de sauce tomate et bien assaisonnée.
Dressez ensuite en dôme dans un saladier.
Décorez le dessus avec des têtes de champignons cuites et les lamelles de tomates et de truffes gardées à part.

194.- Samois-sur-Seine (canton de Fontainebleau) – le *grand hôtel Beau Rivage* avant 1912.

Poisson et gibier du domaine royal, impérial et républicain de Fontainebleau

Il serait vain de prétendre rappeler ici l'histoire du château de Fontainebleau. Elle est intimement liée à celle de la forêt comme domaine de chasse, assorti d'une valeur symbolique de souveraineté liée... à la table.

195.- Forêt de Fontainebleau – la table du roi avant 1903.

La Table-du-Roi, qui désigne toujours un rond-point à l'intersection de la route Ronde et de la route de Melun, en est le vestige. Pendant tout l'Ancien Régime, ce plateau de grès, pierre du pays, était destiné à recevoir, chaque 1er mai, les tributs en nature des redevanciers.

Le grand maître des Eaux et Forêts les recevait au nom du roi, conformément à un usage remontant au XIIIe siècle, c'est-à-dire aux origines du rendez-vous de chasse. Apportés par les forestiers, poissons et volailles, mais aussi pains, pâtés et gâteaux s'accumulaient avant d'être divisés en deux parts. L'une était redistribuée aux officiers du domaine, l'autre devenait sur place le prétexte d'un banquet en plein air, ancêtre gigantesque des pique-niques d'aujourd'hui.

C'est à la chasse que le château doit la rare particularité d'avoir été un séjour de prédilection du pouvoir sous tous les régimes : fondé par les premiers Capétiens, considérablement agrandi et embelli par les Valois, assidûment fréquenté par les Bourbons et plus tard les Orléans, il tient également une place importante dans l'histoire napoléonienne, Second Empire compris, avant que la tradition républicaine n'y attache l'un de ses plus grands noms en la personne du président Carnot.

Mais le poisson ne le cède pas au gibier, avec les carpes de l'étang, célèbres dans toute la France, et dont la légende veut que certaines s'y trouveraient depuis le règne de François Ier. Voici donc pour commencer la recette de la carpe royale.

196.- Fontainebleau – le palais, l'étang des carpes avant 1905.

Carpe royale :

Il s'agit d'une recette traditionnelle, citée dans *l'Art du Bien Manger*.

« Après avoir vidé la carpe, vous en piquez la chair de truffes cuites, puis vous couchez le poisson dans un plat, sur un lit de légumes émincés. Mettez du beurre, assaisonnez, couvrez de bardes de lard et de vin de Bordeaux rouge jusqu'à mi-hauteur du plat ; faites bouillir pendant dix minutes. Après cette première opération, vous passez à tamis la cuisson de la carpe ; vous délayez un petit roux que vous mouillez avec cette cuisson et laissez cuire lentement pendant vingt minutes. On la sert entourée de quatre grandes quenelles aux truffes du Périgord, deux grandes quenelles de chaque côté de la carpe. Entre ces grandes quenelles, d'un effet très élégant, on dispose un ragoût de laitances, de truffes et de champignons. C'est charmant et délicieux. »

Selle de chevreuil à la Grand-Veneur :

Prenez une selle de chevreuil, enlevez-lui les nerfs, les peaux et les morceaux de gras trop importants. Piquez-la de lard fin et mettez-la à mariner, après l'avoir arrosée d'un verre de vin blanc sec et de deux cuillerées d'huile d'olive, avec un oignon et une carotte émincés, deux gousses d'ail hachées, une cuillerée de poivre en grain et quelques brins de laurier, de thym et de persil. Laissez la selle s'imprégner de ces aromates pendant 9 heures.
Prenez ensuite, après avoir réservé les aromates, la selle de chevreuil et mettez-la à cuire au four à raison d'un quart d'heure par livre. Aux deux tiers de la cuisson, ajoutez les aromates de la marinade.
À la fin de la cuisson, retirez la selle et conservez-la au chaud.

☞ Sauce Grand Veneur : *déglacez la plaque de cuisson de la selle avec un verre de vinaigre, faites réduire et mouillez d'un demi-litre de jus de viande. Portez à ébullition, puis passez au chinois et faites mijoter à feu très doux ; ajoutez une cuillerée de gelée de groseilles et passez à nouveau au chinois.*
Servez avec cette sauce à part ainsi qu'une purée de marrons dans un légumier et de la gelée de groseilles dans un confiturier.

197.- Chasse à courre en forêt de Fontainebleau – la meute, avant 1905.

🕮 Médaillons de faisan Fontainebleau :

Prenez un faisan tendre, flambé et vidé. Incisez-lui la peau et la chair entre le poitrail et les cuisses, et coupez-le sur le dos par le travers.
Dépouillez et dénervez les cuisses, coupez-les en dés et pilez-les au mortier avec 6 foies de volailles, 4 blancs d'œufs, sel et poivre. Passez au tamis, ajoutez un peu de porto, liez à la sauce béchamel, ajoutez une brunoise de truffes suées au beurre et de la crème fraîche.
Moulez la farce ainsi obtenue dans des moules plats beurrés.
Faites cuire au bain-marie pendant 25 minutes.
Pendant ce temps, faites revenir à la poêle le poitrail du faisan assaisonné et bardé. Découpez-le en 10 médaillons.
Démoulez les mousselines et posez dessus les médaillons, décorés chacun d'une lame de truffe.

198.- Palais de Fontainebleau, la treille du Roi avant 1906.

Chasse royale :

Tout en n'utilisant que des pièces de gibier à plume, cette recette illustre ce qu'était autrefois la grande cuisine de chasse, et correspond à l'esprit du château de Fontainebleau :

Prenez 3 livres de fond clair de gibier, faites-y pocher tour à tour une poule faisane, quatre perdreaux et vingt ortolans désossés farcis avec de la farce à gratin additionnée de débris de truffes ; remettez dans le fond la faisane et les perdreaux et laissez refroidir.
Faites, avec du maigre de bœuf poché et parfumé au porto, une gelée que vous réservez.
Découpez les filets de la faisane et des perdreaux et divisez-les en petits médaillons que vous décorerez avec des palmettes d'estragon et des losanges de tomate.
Reformez la faisane, les perdreaux et les ortolans en remplaçant la chair retirée par de la mousse de foie gras au porto, et décorez-les avec des débris de truffes collés avec du blanc d'œuf. Reproduisez sur les ortolans les mêmes motifs à l'estragon et à la tomate.
Sur un grand plat rectangulaire, mettez d'abord une couche de gélatine de 5 centimètres d'épaisseur, puis au centre de celle-ci, une de forme ovale, et dressez sur cette dernière la poule faisane, puis aux angles de la couche rectangulaire les quatre perdreaux. Entre ceux-ci, en bordure, disposez les ortolans.
Décorez tous les oiseaux de gelée avec des pistaches et des noisettes, en ajoutant de petits morceaux de truffes sur la faisane, que vous flanquerez de deux bandes de grains de raisins blancs préalablement épluchés, en remplissant les interstices avec de la gelée hachée.

199.- « Le petit souper », d'après Moreau le Jeune.

4

Les maîtres de la saveur

200.- Barbizon (canton de Melun-sud) – *les Pléiades,* la salle de restaurant, vers 1925.

201.- Marlotte, *hôtel de la Renaissance*, menu du 7 mai 1899.

202.- Brie-Comte-Robert, dîner annuel de la Société d'histoire et d'archéologie, le 18 octobre 1903.

Des institutions et des hommes

Après les traditions culinaires paysannes et bourgeoises, après les souvenirs briards dans la grande cuisine internationale, voici venu le moment d'évoquer ceux qui ont recueilli l'enseignement des premières et auxquelles la seconde est redevable de sa réputation : les professionnels du bien-manger dont le rôle social s'affirme avec le progrès des civilisations et tombe dans l'excès lorsque celles-ci sont entrées en décadence, comme en témoignent certaines pages de Martial ou de Pétrone.

Ils sont originaux parmi les artisans, comme ayant leur raison d'être dans une création portée jusqu'à la remise en cause des notions acquises et, par là même, comparables aux artistes dont ils ne font toutefois pas partie, puisque travaillant uniquement par et pour les sens, et non par et pour la sensibilité.

Leur savoir-faire, d'origine toute populaire, s'est développé et affirmé au cours des siècles dans la pratique des anciennes auberges. Un public déjà connaisseur se désignait les meilleures d'entre elles et se décrivait leurs spécialités, comme, aux mêmes époques, les convives privilégiés vantaient entre eux la table d'un prélat, d'une marquise, d'un fermier-général ou d'une demoiselle d'opéra.

C'est un peu de ce passé dont il va être question par les souvenirs qu'il a laissés et les récits qu'il a inspirés en ce pays. Et puisque l'objet de cet ouvrage n'est pas une étude des établissements actuels, des guides spécialisés se trouvant publiés à cet effet, les maîtres de la saveur seront ici les grands chefs de cuisine de jadis, natifs de Seine-et-Marne, y ayant exercé leurs talents ou terminé leur existence.

En bonne logique, leurs évocations succèderont à celle de prédécesseurs si anciens que leurs noms ne sont pas parvenus jusqu'à nous, mais qui, dans cet anonymat et collectivement, ont contribué à la réputation de certaines enseignes, les unes disparues depuis parfois longtemps, les autres encore fièrement maintenues, mais toutes passées dans la légende briarde.

Ce sont les anciennes auberges, de Melun à Meaux, de Provins à Villeparisis et de Nemours à la vallée du Morin dans lesquelles, en remontant le temps, je vous invite à me suivre. Les fantômes de leurs tables d'hôtels, comme ceux de leurs fourneaux, vous réservent quelques surprises...

Palais de Fontainebleau

ESPERANTISTA TAGMANĜO

Hôtel des Cascades, FONTAINEBLEAU-AVON

MENUO

EKMANĜAĴO

Rafanetoj, Kolbaso, kun butero

ALMANĜAĴO

Bovidaĵo saltigita « Marengo »

ROSTAĴO

Rostbefo kun Kreso

Terpomoj laŭ angla maniero

DESERTO

Fromaĝo, Ĉerizoj, Biskvitoj, Kuketoj

—o—

Vino ruĝa aŭ blanka

Ĉampanvino « Grand Mygland »

Fontainebleau, Dimanĉon, la 1an de Julio 1906.

N. B. - Cette Carte, exigée pour le Déjeuner, coûte 2 fr. 50

203.- Avon, *hôtel des Cascades,* menu sur carte postale banquet d'un congrès espérantiste, le 1er juillet 1906.

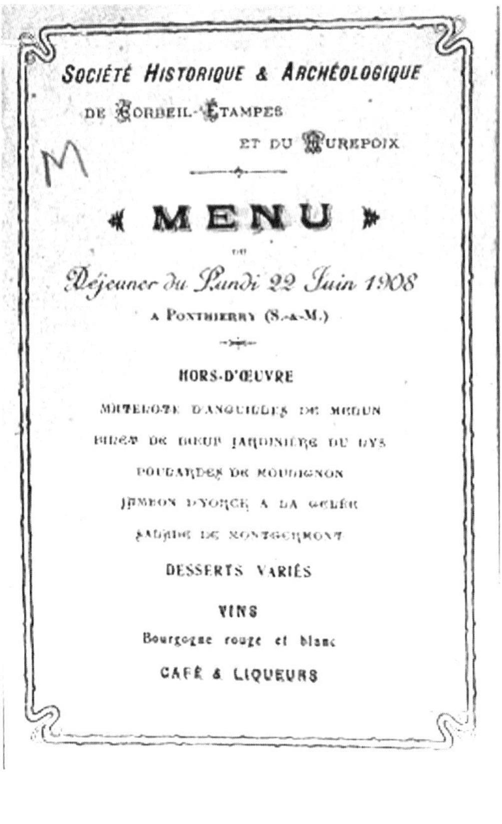

SOCIÉTÉ HISTORIQUE & ARCHÉOLOGIQUE

DE CORBEIL-ÉTAMPES

ET DU HUREPOIX

M

« MENU »

du

Déjeuner du Lundi 22 Juin 1908

A PONTHIERRY (S.-&-M.)

HORS-D'ŒUVRE

MATELOTE D'ANGUILLES DE MELUN

FILET DE BŒUF JARDINIÈRE DU LYS

POULARDES DE ROUDIGNON

JAMBON D'YORCK A LA GELÉE

SALADE DE MONTGERMONT

DESSERTS VARIÉS

VINS

Bourgogne rouge et blanc

CAFÉ & LIQUEURS

204.- Ponthierry, déjeuner de la Société historique et archéologique de Corbeil, Étampes et du Hurepoix, le 22 juin 1908.

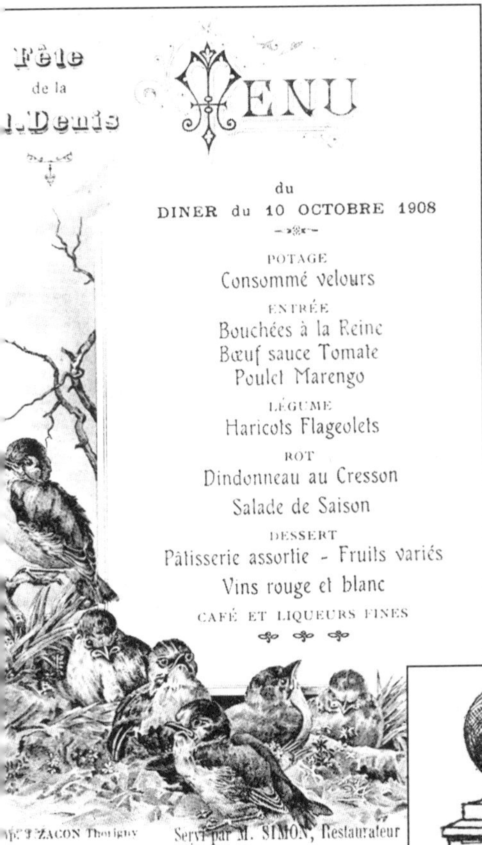

205.- Annet-sur-Marne, M. Simon, restaurateur, dîner de la fête de la Saint-Denis, le 10 octobre 1908.

..- **Brie-Comte-Robert**, *hôtel des Trois Rois*, ..er annuel de la Société d'histoire et ..rchéologie de Brie-Comte-Robert, ..rmant, Tournan et la vallée de l'Yerres, le ..mars 1914.

La guerre contre les Boches
Cantonnement de Villeparisis 5 Mars 1915

Diner offert par les sous-officiers de la 7e Cie du 122e Territori[al]
a leur camarade Trintignan promu adjudant

MENU

Première partie	Deuxième partie
Potage velouté	Desserts variés fruits
Huitres de Marennes	Fromage
Merlan frit	Vin rouge et Mousseux
Filet de Bœuf Renaissance	Moka du 122e
Salade printanière	Fine de Lunel
Chapons de Bresse broche	Cigares

Au Moka, le camarade Lisbonne passera ses fonctions de Président à l'adjudant Trintignan. - Discours -
Partie de Concert, par les camarades .... Retraite ... J'suis Vaseux !...

207.- Villeparisis, cantonnement du 122e régiment territorial d'Infanterie (Montpellier), dîner offert par les sous-officiers de la 7e compagnie à l'un de leurs camarades promu adjudant, le 5 mars 1915.

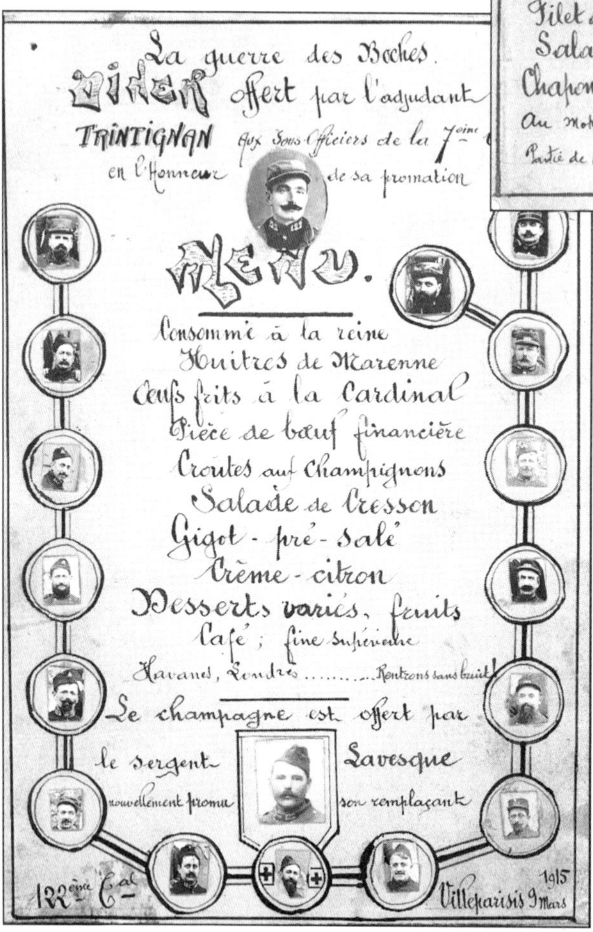

La guerre des Boches.
Diner offert par l'adjudant
TRINTIGNAN aux Sous-Officiers de la 7ème C
en l'Honneur de sa promotion

MENU.

Consommé à la reine
Huitres de Marenne
Oeufs frits à la Cardinal
Pièce de bœuf financière
Croutes aux Champignons
Salade de Cresson
Gigot - pré - salé
Crème - citron
Desserts variés, fruits
Café ; fine Supérieure
Havanes, Londres ....Rentrons sans bruit!

Le champagne est offert par
le sergent Lavesque
nouvellement promu son remplaçant

122ème Tal
Villeparisis 9 Mars 1915

208.- Villeparisis, cantonnement du 122e régiment territorial d'Infanterie, dîner offert aux sous-officiers de la 7e compagnie par un adjudant nouvellement promu, le 9 mars 1915.

À Nemours : la palme de l'ancienneté

La palme de l'ancienneté revient, en Seine-et-Marne, à un établissement qui n'est pas briard, mais gâtinais, puisque l'auberge de l'*Écu de France* est située à Nemours. Elle occupe le deuxième rang pour tout le territoire national, derrière l'auberge des *Trois Couronnes*, à Rouen.

Comme cette dernière, elle a été exploitée depuis les âges les plus reculés sans autre interruption que les inévitables guerres et les non moins inévitables, mais plus constructifs, travaux d'aménagement.

La première trace remonte à l'an 1384, date d'un acte portant « *Déclaration que les religieux, maistres, frères et sœurs de la Maison-Dieu de Nemox en Gastinoys, advouent tenir du Roy, nostre syre... le prieuré à 10 solz parisis sur l'Hostel de l'Escu de France, lequel tient à présent la maison d'Adam de Villemer.* »

Ainsi, comme souvent au Moyen Âge, la fondation de l'établissement paraît en relation avec la présence d'une institution religieuse, couvents et monastères comportant habituellement une hostellerie destinée à l'accueil des pélerins.

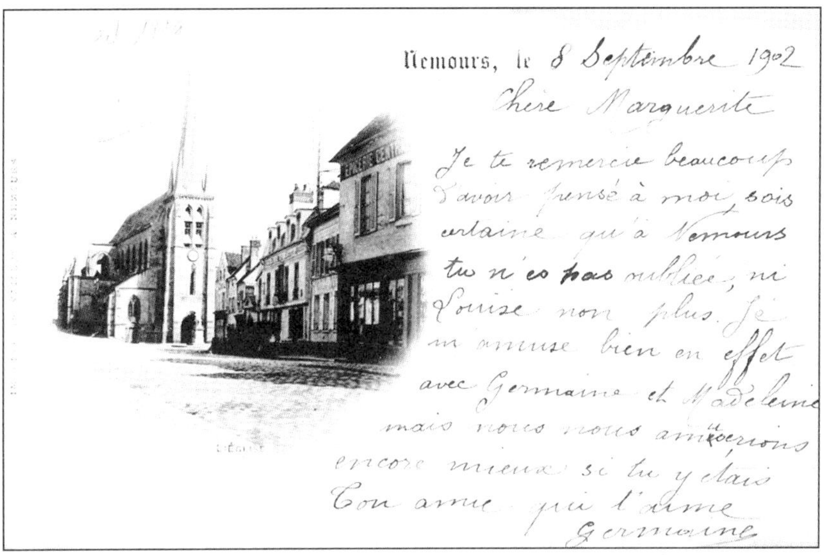

209.- Nemours – l'église en 1899. À droite, après l'épicerie centrale, l'*Écu de France*.

Il est aisé d'imaginer qu'en plus de six siècles celle-ci a changé maintes fois de mains. À la fin du règne de Louis XIV, elle appartenait à un certain Nicolas Pérault qui, comme beaucoup de marchands, aubergistes et artisans, fit enregistrer ses armoiries : « *Coupé d'azur sur argent, l'azur chargé d'un perron de trois degrés d'or et l'argent de deux croissants d'azur.* » Armes imparfaitement parlantes et d'autre part dépourvues d'allusion professionnelle, les croissants en question n'étant pas ceux... du petit-déjeuner, ce qui interdit de faire grief au sieur Pérault d'avoir placé son enseigne sur son... écu. Cette enseigne représentait en effet, conformément à la dénomination de l'auberge, le blason royal fleurdelisé, qu'un particulier ne se serait jamais permis d'usurper, mais qu'une telle hostellerie pouvait emprunter durant des siècles en véritable institution qu'elle était devenue et qu'elle est, en l'occurrence, demeurée.

Mais hôteliers et enseignes ne se suffisent point : il faut aussi des clients. Ce sont eux qui assurent la pérennité et la réputation.

En une telle durée, *l'Écu de France* en vit passer des foules, l'étape monastique s'étant muée en relais pour les chaises de poste, puis les diligences.

C'est de l'une d'elles que descendit, un jour, Victor Hugo, qui se plut en ces lieux au point d'y prendre ses habitudes, et de l'affirmer dans une formule lapidaire digne de la publicité la plus moderne : *« Je préfère l'auberge !* L'Écu de France*, à Nemours, est une auberge ! »* Il est vrai que ni Edmond Drouet au temps de Victor Hugo, ni les propriétaires aux autres périodes dans la longue histoire de *l'Écu de France*, ne présentèrent quelque ressemblance que ce soit avec les Thénardier.

Mais puisqu'il est ici, avant tout, question de table, il convient de rappeler qu'en grande cuisine, les personnages de Victor Hugo ont laissé leurs noms à certaines recettes (consommé Esmeralda, ris de veau Marion Delorme), celui de l'auteur servant à désigner des façons d'apprêter les huîtres, la sole et les tournedos. C'est dans cet état d'esprit que l'hôtel de *l'Écu de France* propose les poires Ruy Blas.

210.- Intérieur d'une auberge de province à la fin de la monarchie de Juillet. Gravure extraite des *Français peints par eux-mêmes.*

Les anciennes hostelleries de Melun

Ancienne ville de relais sur la route de Paris à Lyon, Melun s'est trouvée depuis longtemps bien pourvue en auberges et hostelleries, comme *la Crosse* devenue plus tard l'*hôtel des Postes et Télégraphes*, et ainsi, nommée parce qu'elle occupait depuis l'époque révolutionnaire l'ancien siège de justice de l'abbé du Mont-Saint-Père, vendu comme bien national ; comme également *le Grand Monarque*, l'*Hôtel de France* et l'*Hôtel du Commerce*, ces deux derniers ouverts vers 1820.

211.- Melun – l'*hôtel du Commerce*, le grand salon vers 1925.

Parmi tous ces établissements, le plus ancien était l'*hôtel Saint-Nicolas* qui existait déjà au XVIe siècle. Sa persistance rythma la vie locale jusque dans les événements historiques les plus marquants. En 1790, c'est sa propriétaire de l'époque, Mme Doucet, qui prêta la nappe sur laquelle l'abbé Cadot, curé de Saint-Barthélemy et aumônier de la Garde nationale, célébra la messe le jour de la fête de la Fédération, premier anniversaire du 14 juillet.

Après la cérémonie, lorsque sa lingerie lui fut restituée, la brave femme ne voulut pas la faire resservir à un usage profane et, après avoir brodé dessus, en lettres de coton rouge, les circonstances exceptionnelles dans lesquelles elle avait servi, elle la destina à une conservation précieuse par la famille, interrompue seulement lorsqu'une de ses descendantes en fit don au musée de Melun.

En février 1814, pendant la campagne de France, c'est dans les abords immédiats de l'hôtel que fut enterré un cosaque tué sur la place Saint-Jean.

Au cours du XIXe siècle, l'*hôtel Saint-Nicolas*, réputé pour sa cuisine, le devint également pour ses aménagements et il fut longtemps le seul de la ville à mettre un vaste salon à la disposition de ses clients.

Il fut fermé au moment de la guerre de 1939-1940 et ses locaux furent alors affectés au commissariat de police. Après démolition, ils sont actuellement remplacés par l'espace Saint-Jean.

De fondation plus récente, l'*hôtel du Commerce* était situé dans le quartier du Marché-au-Blé, comme l'*hôtel de France* et *la Crosse*. À l'instar de cette dernière, il occupait des locaux en rapport avec les activités judiciaires, en l'occurrence la demeure d'un ancien procureur au bailliage de Melun. Son existence a été longue car il a disparu en 1987.

À partir de 1830, le développement du trafic en direction de Marseille et de l'Algérie nouvellement conquise lui avait valu une affluence de clientèle et le passage d'hôtes illustres. Hommes politiques, comme le célèbre avocat Berryer, député des Bouches-du-Rhône, se rendant dans sa circonscription, mais surtout personnalités du monde militaire, comme la veuve du général Damrémont, ramenant le corps de son mari tué lors de la prise de Constantine ou le général Changarnier qui, de mauvaise humeur après l'accident survenu à sa chaise de poste du côté de Fontaine-Ronde, dîna simplement d'un potage.

Au nombre des artistes s'arrêtèrent les premiers peintres de l'école de Barbizon, reconnaissables à leur accoutrement que les bourgeois comparaient à celui des bandits de Calabre, et Horace Vernet en personne qui, en attendant l'heure du dîner, traça le portrait d'un vieux Melunais nommé Turqan, vétéran des guerres de l'Empire.

En cuisine s'affairait toute une brigade, un temps sous la direction d'un chef réputé, Leroy, formé à Melun et à Paris. L'une de ses spécialités était l'anguille de Melun, que nous avons déjà rencontrée…

Il en existe deux variétés hôtelières bien connues : la première transmise par Roger Karampournis sous le nom de matelote d'anguille de Melun ; la seconde s'appliquant au pâté d'anguilles créé par un aubergiste melunais en 1660 et retrouvée par M. Duchesne traiteur à Melun, à l'occasion d'une réception donnée dans cette ville en l'honneur de M. Lecat, ministre de la Culture.

212.- Melun – la rue du Miroir vers 1907. À gauche, le *Grand Monarque*.

Matelote d'anguille de Melun :

« Pour 4 personnes : 1,3 kg d'anguilles, 100 g de carottes, 100 g d'échalotes, 50 g de farine, 150 g de beurre, 50 cl de vin rouge corsé, 1 beau bouquet garni, 25 cl de fumet de poisson, 60 g de petits oignons grelots, 100 g de lard maigre de poitrine de porc fumée, sel et poivre.

« Dépouillez, videz, coupez les anguilles en tronçons de 4 à 5 cm. Coupez les carottes en dés d'un 1/2 cm, ciselez finement les échalotes. Dans une sauteuse, sur feu moyen, dans le 1/3 du beurre, faites revenir les tronçons d'anguilles bien frottés de farine pendant 2 à 3 minutes en les retournant sans cesse. Mouillez avec le vin, ajoutez les carottes, les

échalotes et le bouquet, salez, poivrez, laissez prendre ébullition 2 à 3 mn.
« Pendant ce temps, pelez les grelots, coupez le lard en petits lardons. Le vin en ébullition, ajoutez le fumet de poisson, oignons et lardons. Laissez réduire à très petits bouillons pendant 8 à 10 mn, selon la grosseur des anguilles, en salant et poivrant.
« Retirez les anguilles avec l'écumoire, maintenez au chaud, augmentez le feu pour réduire la cuisson de moitié environ. Battez en incorporant peu à peu le reste de beurre en morceaux fermes. Rectifiez l'assaisonnement.
« Pour servir, remettez les morceaux d'anguilles 1 à 2 mn dans la sauce. Présentez très chaud. »

🕮 Pâté d'anguilles :

« Le pâté avait nécessité 1,4 kg d'anguilles de rivière, 150 g de beurre, 500 g de feuilletage (pâte pétrie avec du beurre, à l'eau froide, de façon qu'elle lève et se sépare en feuilles très minces), un demi-litre de crème, 4 œufs durs, 32 g de sel, 15 g de poivre blanc, 1 cuillère à soupe d'huile, 1 décilitre de vin blanc sec, 6 blancs d'œufs, 2 cuillères de persil haché, 1 échalote, 3 cuillères de cognac et 1 muscade).
« Après la préparation des filets d'anguilles (ébullition, rafraîchissement) et macération de 2 heures, faire chauffer dans une sauteuse le beurre et y faire étuver 10 minutes une grosse échalote. Retirer les escalopes d'anguilles et les parsemer de persil haché.
« Préparer la mousseline d'anguilles en passant la chair au tamis et ajouter sel, poivre, blancs d'œufs et enfin la crème fraîche.
« Pour les écrevisses, les ébouillanter vivantes, décortiquer les queues et faire revenir. Flamber au cognac.
« Méthode pour le pâté : foncer avec 400 g de feuilletage le moule. Ajouter sur la pâte successivement, un lit de mousse d'anguilles, un lit de tranches d'œufs durs et de queues d'écrevisses, un lit d'escalopes d'anguilles ; le tout répété 2 à 3 fois selon la hauteur du moule. Recouvrir avec le reste du feuilletage ; faire 2 à 3 cheminées sur le pâté et cuire pendant une heure et demie à 220°dans le four.
« Au moment de servir, introduire dans les cheminées 50 g de beurre fondu avec le reste du vin blanc ayant servi à macérer les escalopes. »

Le pâté d'anguilles, servi au XVIIe siècle comme entrée, était alors accompagné d'un vin blanc du terroir de Dammarie-lès-Lys.

🕮 Haricots verts à l'hôtelière :

Ils sont cuits à l'eau, mélangés avec du bouillon additionné de farine et de beurre et assaisonnés avec ail, vinaigre et persil haché.

213.- Melun – l'hôtel-restaurant de *la Maison Blanche* (matelote et friture) vers 1925.

Le procureur, le colonel et l'aubergiste… ou les surprises d'un magistrat meldois

La première partie de ce titre un peu long n'est pas empruntée à une fable de la Fontaine, même si ce « voisin » des briards vivait à l'époque où survinrent les événements concernés. C'était durant l'hiver de l'an 1675. Conformément à l'usage du temps, les troupes passaient la mauvaise saison dans les villes du royaume, où les soldats étaient logés et nourris chez l'habitant. Ils s'y comportaient parfois fort mal et les privilégiés, qu'ils appartinssent à la noblesse ou à la bourgeoisie pourvue d'office, se trouvaient fort bien d'échapper à l'hébergement de ces garnisaires.

C'était notamment le cas de Florent Marquelet, seigneur de la Noue, procureur de Sa Majesté au bailliage et siège présidial de Meaux, alors même que dans cette bonne ville était arrivé le régiment de Navarre, commandé par son lieutenant-colonel, le chevalier de Souvré.

214.- Le vieux Meaux – l'ancien palais de justice vers 1903.

Aussi quelle ne fut pas la surprise de ce digne magistrat lorsque, revenant d'une audience, il trouva, pénétrant à son domicile, une dizaine de militaires conduits par un sergent. Ses protestations lui amenèrent pour seule réponse que le colonel envoyait chez lui cette garnison « pour y vivre à discrétion. »

Et les soldats s'installèrent sans plus tarder dans une salle à l'étage en réclamant à souper. Trouvant le service trop lent à leur gré, ils brisèrent plusieurs carreaux. Mme Marquelet de la Noue, survenue elle aussi dans tous ses états, tenta en vain de les calmer, en vain ! Elle y gagna même une blessure à la main.

Et comme on leur servait du vin de la cave du procureur, le trouvant plat et mauvais, les soudards manifestèrent encore davantage d'excitation. Le maître de maison, de plus en plus terrorisé, les invita finalement à envoyer l'un d'eux à l'*hôtellerie de l'Ours*, pour y commander à ses frais tout ce que bon leur semblerait. Ils n'attendaient que cela…

Et lorsque le lieutenant-général du bailliage, que le procureur avait fait prévenir, arriva sur les lieux, ce fut pour trouver l'indésirable escouade attablée dans la plus insolente bombance. De son côté, M. Marquelet de la Noue s'était rendu à l'évêché pour protester auprès du lieutenant-colonel de Souvré qui s'y trouvait en visite. Mal accueilli par ce dernier, il n'eut d'autre recours – l'homme de loi en lui ne perdant pas ses droits – que de prendre l'évêque à témoin de ce qu'il venait d'entendre et de faire ensuite dresser procès-verbal des victuailles et de la dépense, au vu de la facture établie par la patronne de *l'Ours*.

C'est à cet exploit... de justice et non des armées royales, déposé au greffe du bailliage, que l'on doit de connaître le menu de ce dîner mouvementé autant que copieux :

« Une esclangue de mouton
Deux poulets d'Inde
Deux canards de rivière
Deux perdrix et alouettes
Deux chapons
Plus pain blanc et molet »

Ces messieurs n'étaient certes pas végétariens !

Le prix du repas s'élevait à 32 livres 10 sols, s'y trouvant compris le coût de la boisson qui l'avait arrosé *(« deux grands brocs de vin à 9 sols la pinte »)* et celui de la tabagie dans laquelle il s'était achevé à raison de 110 sols *« pour tabac et pipes. »*

Et il paraît que les provisions, trouvées sur place, de sel, pain, vin, bois et chandelles, n'avaient pas été non plus ménagées par ces « invités » peu délicats.

Ce n'est pas de l'*hôtellerie de l'Ours*, depuis longtemps oubliée, que provient la recette destinée à illustrer cette anecdote, mais d'un autre ancien établissement meldois, l'*hôtellerie des Rois Mage*s, dont le souvenir a été pérennisé par *l'Art du Bien Mange*r, avec les tranches d'agneau de ferme.

215.- Meaux – *l'hôtel des Trois Rois* vers 1905.

Tranches d'agneau de ferme :

« On coupe un filet d'agneau par tranches. On les poivre et on les sale, puis on les fait frire. Quand elles seront frites, mettez-les dans un plat et versez du beurre dessus. Jetez un peu de farine dans une casserole, avec un peu de bouillon de bœuf, un peu de saumure de noix. Faites bouillir le tout et remuez continuellement. Mettez-y les tranches, placez-les bien en rond, garnissez avec du persil frit, servez. »

Au Grand Vainqueur, à Villeparisis

De Paris vers Meaux et, plus loin, vers Reims et la Lorraine, Villeparisis était jadis une étape importante, en début de trajet dans la direction de la province, et juste avant les portes de la capitale à l'approche de Paris.

C'est pourquoi, la bourgade s'étirait le long de la grand'route, devenue plus tard nationale 3 avant de contourner l'agglomération.

L'aspect du « vieux pays » s'en ressent encore avec ses bâtiments longs à un seul étage, alignant boutiques, cafés-restaurants et porches en desserte de cours depuis longtemps désaffectées.

L'une d'elles, un peu avant la mairie et à main gauche en allant vers Meaux, donnait accès aux écuries d'une grande hôtellerie d'autrefois, prospère en dépit de sa situation entre les deux relais de poste de Bondy et de Claye. Sans doute, la réputation de sa cuisine n'était-elle pas étrangère à ce succès.

La seule interrogation qui demeure au sujet de cet hôtel du *Grand Vainqueur* consiste à savoir si son nom commémorait le passage du Premier Consul ou bien s'il lui préexistait, par une étrange prédestination. Bonaparte était en effet auréolé, alors, par les récentes victoires de l'armée d'Italie dont la décisive bataille de Marengo.

216.- Villeparisis (canton de Claye-Souilly) – l'hôtel du *Grand Vainqueur,* où coucha Napoléon étant Premier Consul, vers 1925.

En tout cas, il y dîna, y coucha et il est regrettable que le bâtiment, encore intact vers 1930, n'ait pas été conservé en l'état.

D'autant plus que pour en perpétuer le souvenir, un grand portrait en pied de l'illustre client ornait la façade, bénéficiant le moment venu de l'un des premiers éclairages à l'électricité...

Général, consul ou empereur, Napoléon Bonaparte ne fut jamais un gastronome. S'il a été avancé que, jeune officier en garnison à Valence, il préparait du pot-au-feu pour son jeune frère Louis dont il avait la charge, Montholon rapporte qu'à Sainte-Hélène, il lui confia un jour avoir été privé, au milieu du service des Tuileries, des plats simples qui lui

217.- Guignes dite Rabutin (canton de Mormant) – le coin Musard vers 1903. Dans le fond, l'*hôtel Sainte-Barbe* où, pendant la campagne de France, Napoléon passa la nuit du 15 au 16 février 1814.

faisaient le plus envie, comme *« des haricots ou des lentilles à l'huile, un simple œuf frais cuit à la coque et à manger avec des mouillettes. »*

Les œufs dits « Bonaparte » sont évidemment un peu plus raffinés.

En voici la recette, suivie par celle du poulet à la Marengo.

🕮 Œufs Bonaparte :

Remplissez de petites coupes de porcelaine avec un hachis d'escargots préalablement cuits à la vapeur. Étalez dessus un peu d'œuf cru battu. Décorez avec des tranches de truffe. Faites cuire au bain-marie. Servez nappé de sauce demi-glace au Xérès.

🕮 Poulet à la Marengo :

C'est la recette d'origine, rédigée par Maneille, chef des cuisines du restaurant *les Trois Frères provençaux* à Paris :

« Quand votre poulet est plumé, flambé et vidé, vous le découpez en détachant chaque membre de la carcasse. Vous mettez sur le feu une casserole ou un plat à sauter contenant assez d'huile pour que les morceaux de votre poulet puissent en être recouverts entièrement. Les cuisses du poulet étant plus grosses que les autres morceaux, mettez-les cuire cinq minutes à l'avance. Votre poulet étant aux trois quarts cuit, vous ajoutez dans l'huile des croûtons de pain et des champignons crus de moyenne grosseur. Un quart

218.- Napoléon Bonaparte (1769-1821), premier consul.

d'heure suffit pour la cuisson. Lorsque cette cuisson est achevée, vous égouttez votre huile (qui peut servir indéfiniment en ayant soin de la renouveler chaque fois). Vous n'en laisserez dans la casserole qu'un demi-verre, ce qui fait la sauce. Vous assaisonnez votre poulet, vous y ajoutez une bonne pincée de ciboule et de persil haché, vous sautez un tour ou deux dans votre casserole, vous dressez et servez. »

219.- Le restaurant des *Trois frères provençaux.*

Histoires d'œufs, ou les gargotières rusées

À deux cent quarante-cinq ans et trente kilomètres de distance, deux anecdotes identiques mettent en scène deux chefs d'État chasseurs venus satisfaire leur passion entre Loing et Marne.

220.- Henri IV, roi de France et de Navarre (1553-1610). Gravure du XVIIIe siècle.

L'une concerne le roi Henri IV en train de courre en 1603 le gros gibier en forêt de Fontainebleau, l'autre le général Cavaignac, éphémère président de la Deuxième République, après une battue dans les plaines de Champdeuil de Yèbles et de Guignes.

Le premier, coupé du reste de la chasse et mis en appétit par sa chevauchée, s'arrêta dans un pauvre cabaret du village de Bourron où il se fit servir une omelette.

Lorsqu'après l'avoir dévorée il demanda combien il devait, la patronne, qui avait percé son incognito, lui demanda quatre écus d'or.

Le Vert-Galant s'étonna : « *Comment, quatre écus d'or ! Les œufs sont donc bien rares dans ce pays-ci ? – Non, sire,* répliqua la bonne femme, *ce sont les rois !* »

Et, dans un éclat de rire, le roi paya.

Dans le bouchon où le général Cavaignac s'était arrêté en 1848 en compagnie du lieutenant-colonel de Foissy, l'addition aurait correspondu à la somme d'un louis, ce qui était tout de même fort cher et s'expliquait toujours, selon la cabaretière, par la rareté sur place… des présidents de la République.

Outre leurs prix, il existait une autre différence entre les deux omelettes : celle mangée par le général Cavaignac aurait été au lard.

🕮 Omelette au lard :

Dans un morceau de lard maigre de 100 g, taillez des lardons en dés et faites-les blanchir à l'eau pendant 2 minutes pour les dessaler.
Faites-les rissoler à la poêle dans du beurre.
Cassez 8 œufs, battez-les, salez-les légèrement et ajoutez-les dans la poêle.
Faites cuire sur feu vif jusqu'à votre convenance.
Servez l'omelette sur des tranches de lard grillées.

Des menus et des prix dans les auberges de Provins

On a vu ce que la réputation culinaire de Provins doit à la grande époque de la ville, temps des comtes de Champagne et des foires internationales. Visites seigneuriales et séjours de marchands nécessitaient l'existence d'auberges et d'hostellerie de qualité, qui se perpétuèrent du Moyen Âge à la Renaissance.

Ainsi, au XVIe siècle, on y servait en temps ordinaire « *bon potage, demi-livre de bouilli, pain et vin, une livre de mouton ou de veau, dessert, fromage, pommes, poires* », le tout pour quatre sols et dix deniers et, pendant le Carême, « *un potage de pois ou autre, le tiers d'une carpe, un tronçon de brochet, fromage, raisin à la desserte, avec nappe et serviette blanche* » pour cinq sols cette fois.

Le potage de pois dont il s'agit devait vraisemblablement être composé à partir de pois cassés et correspondre à la recette suivante.

221.- Provins – la rue Félix-Bourquelot avant 1908. À droite, le restaurant « *Au château-fort* ».

Potage de pois cassés :

Faites tremper des pois cassés pendant 1 heure 30 dans de l'eau froide. Jetez celle-ci après trempage et versez les pois dans une casserole avec de l'eau froide à raison d'un litre par demi-livre de pois.

Ajoutez 1 carotte, 1 branche de céleri, 1 blanc de poireau, des feuilles de laitue, l'oignon et 1 bouquet garni.

Portez lentement à ébullition, écumez, salez et poivrez.

Laissez mijoter pendant 2 heures 30.

Retirez le bouquet garni et passez au tamis les pois cassés et les aromates.

Mouillez avec l'eau de cuisson et du lait en parts égales. Remuez et rectifiez l'assaisonnement.

Auberges de légende dans la vallée du Morin

Les fils Aymon et Gargantua pour la fiction, et bon nombre d'auteurs et d'artistes dans la réalité, ont apporté aux auberges des vallées du Grand et du Petit Morin une sorte d'aura certainement en relation avec l'atmosphère très spirituelle qui émane de paysages reproduits par tant de peintres.

Des eaux doucement sinueuses entre de plantureux coteaux, des villages équilibrés et patinés comme des vers en ancien français, une odeur de soupe aux légumes s'échappant d'une fenêtre basse encadrée de cretonne : on est ici en terroir de vieux récits et de vieilles recettes. Mais ne devait-on pas plutôt qualifier les uns et les autres de jeunes ? Ne remontent-ils pas à des temps où l'humanité l'était elle-même davantage, certainement plus ignorante, peut-être plus naïve ? Et ne sont-ils pas encore capables d'exalter l'imagination des enfances présentes et à venir, entre jeux électroniques et souriceaux en carton-pâte ?

Les enseignes faisaient certainement rêver celles d'autrefois, à Crécy-en-Brie et à Couilly-Pont-aux-Dames, où Renaud, Guichard, Allard et Richard étaient figurés montant tous quatre le cheval Bayart.

On racontait que dans la seconde de ces localités, ils avaient procédé à la distribution du produit de leurs rapines, ce dont une auberge concurrente de celle des *Quatre Fils Aymon* s'inspirait pour les représenter, elle aussi, au-dessus de sa porte d'entrée, sous le nom de *Bons Enfants*.

222.- Couilly, (Couilly-Pont-aux-Dames depuis 1930, canton de Crécy-en-Brie) – la rue de Coulommiers et l'hôtel des *Quatre fils Aymon* avant 1905.

Mais celle des *Trois Monarques* était encore plus propre à émouvoir, car elle devait moins sa réputation à son hôtesse, la belle Odette, et à sa spécialité de jambon rissolé à la poêle, qu'au passage de Gargantua un soir de Noël, méconnaissable en petit vieillard hâve, recroquevillé et misérable. Invité à leur table par de prospères seigneurs festoyant à l'auberge, il les remercie en rendant inépuisable la soupière dont il lui est servi d'appétissantes louchées.

Au fur et à mesure du dîner, il reprend son apparence de jadis, plus gras et luisant encore que ses commensaux, et plus magnifiquement vêtu. Il leur confie son identité et son histoire : condamné à l'Enfer après sa mort pour sa vie de jouissance, il est devenu le cuisinier du Diable qui lui permet, chaque nuit de Noël, de revenir sur terre. Il retrouve ainsi, grâce à la générosité des vivants, quelques bribes de ses plaisirs d'autrefois.

C'est à la légende du XXe siècle qu'appartiennent Francis Carco, Roland Dorgelès, Max Jacob, Pierre Mac Orlan, Maurice Utrillo. Mais qu'importe le temps pour ceux qui appartiennent à la race des enchanteurs.

223.- Saint-Cyr-sur-Morin (canton de Rebais) – *L'Archet* – L'enseigne peinte de l'Œuf dur, en 1981 (cliché Jean Bachelet).

Le souvenir de leurs fantaisies subsiste dans la vallée du Petit Morin où leurs escapades revêtent un caractère aussi mythique que celles des quatre frères sur leur palefroi géant et du goinfre imaginé par Rabelais.

Personnage rabelaisien, d'ailleurs, que leur hôte, créateur de l'*auberge de l'Œuf dur* à Saint-Cyr-sur-Morin, ce Julien Callé qui, non content de rédiger pour son établissement des publicités farfelues, distribuait des cartes postales en représentant les différentes parties avec des légendes prestigieuses mais complètement imaginaires : cour du marché aux andouilles de l'abbaye de Jouarre, pavillon de chasse d'Henri IV, chambre de Napoléon le soir de la bataille de Montmirail...

Il ne se montrait sérieux que sur le chapitre de la cuisine, surtout le jour où il servit à Curnonsky une gibelotte de lapin dont le grand gastronome se délecta.

224.- Maurice-Edmond Saillard, dit Curnonsky (1872-1956). Le prince élu des gastronomes croqué par H.-P. Garnier.

À ces souvenirs qui imprègnent le Grand et le Petit Morin répondront donc cette recette, suivie par deux autres : une pour le jambon à la poêle et celle, faute de potage Gargantua, du potage Rabelais.

225.- Saint-Cyr-sur-Morin (canton de Rebais). *Auberge de l'Œuf dur – « Anciennement cour du marché aux Andouilles de l'abbaye de Jouarre (XIIIe siècle) »*, vers 1930.

🕮 Gibelotte de lapin :

Découpez un lapin et dans une sauteuse, faites dorer les morceaux au beurre, avec des lardons.
Ajoutez de petits oignons, des échalotes, une gousse d'ail, sel et poivre.
Versez la contenance d'un verre à liqueur de cognac : flambez.
Poudrez de farine et versez une bouteille de vin rouge. Ajoutez un bouquet garni.
Faites mijoter 1 heure et demi.

226.- Saint-Cyr-sur-Morin (canton de Rebais). *Auberge de l'Œuf dur – « Ancien pavillon de chasse du roi Henri IV, où eurent lieu ses premiers rendez-vous galants avec Gabrielle d'Estrées »*, vers 1930.

🕮 Lames de jambon à la maître d'hôtel :

C'est l'une des recettes les plus simples de Gouffé.

« Coupez des lames de jambon de Bayonne de l'épaisseur de 1 centimètre. Passez-les sur le feu dans le beurre, 3 minutes de chaque côté.

« Dressez-les sur le plat.

« Couvrez le jambon avec de la sauce maître d'hôtel peu salée et bien citronnée ».

☞ Sauce maître d'hôtel : *pour 200 g de beurre réduit en pommade par travail à la spatule, ajoutez 2 pincées de sel, 1 pincée de poivre, 1 cuillerée de jus de citron et 300 g de persil haché.*

🕮 Potage Rabelais :

Il consiste en un consommé au fumet d'alouettes et au jus de truffe additionné d'un verre de vin de Vouvray, porté à ébullition et cuit doucement. La garniture se fait avec un julienne de céleri et des quenelles d'alouettes truffées.

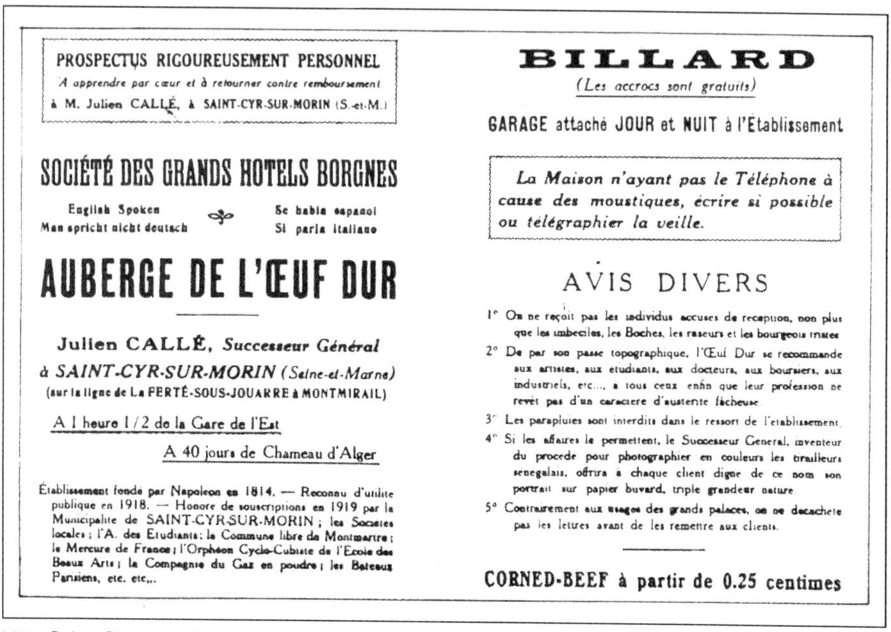

PROSPECTUS RIGOUREUSEMENT PERSONNEL
A apprendre par cœur et à retourner contre remboursement
à M. Julien CALLÉ, à SAINT-CYR-SUR-MORIN (S.-et-M.)

SOCIÉTÉ DES GRANDS HOTELS BORGNES

English Spoken — Se habla espanol
Man spricht nicht deutsch — Si parla italiano

AUBERGE DE L'ŒUF DUR

Julien CALLÉ, *Successeur Général*
à *SAINT-CYR-SUR-MORIN (Seine-et-Marne)*
(sur la ligne de La FERTÉ-SOUS-JOUARRE à MONTMIRAIL)

A 1 heure 1/2 de la Gare de l'Est

A 40 jours de Chameau d'Alger

Établissement fondé par Napoleon en 1814. — Reconnu d'utilite publique en 1918. — Honore de souscriptions en 1919 par la Municipalite de SAINT-CYR-SUR-MORIN ; les Societes locales ; l'A. des Etudiants ; la Commune libre de Montmartre ; le Mercure de France ; l'Orphéon Cyclo-Cubiste de l'Ecole des Beaux Arts ; la Compagnie du Gaz en poudre ; les Bateaux Parisiens, etc. etc,..

BILLARD
(Les accrocs sont gratuits)

GARAGE attaché JOUR et NUIT à l'Établissement

La Maison n'ayant pas le Téléphone à cause des moustiques, écrire si possible ou télégraphier la veille.

AVIS DIVERS

1° On ne reçoit pas les individus accuses de reception, non plus que les imbeciles, les Boches, les raseurs et les bourgeois tristes

2° De par son passe topographique, l'Œuf Dur se recommande aux artistes, aux etudiants, aux docteurs, aux boursiers, aux industriels, etc..., à tous ceux enfin que leur profession ne revêt pas d'un caractere d'austerite fâcheuse

3° Les parapluies sont interdits dans le ressort de l'etablissement.

4° Si les affaires le permettent, le Successeur General, inventeur du procede pour photographier en couleurs les tirailleurs senegalais, offrira à chaque client digne de ce nom son portrait sur papier buvard, triple grandeur nature

5° Contrairement aux usages des grands palaces, on ne decachete pas les lettres avant de les remettre aux clients.

CORNED-BEEF à partir de 0.25 centimes

227.- Saint-Cyr-sur-Morin (canton de Rebais) – prospectus publicitaire de l'*Auberge de l'Œuf dur* vers 1920.

Quelques grandes figures du passé

Au cours du XIXe siècle, plusieurs grands chefs, soit natifs de Seine-et-Marne, soit tenant à ce département par quelque attache, ont laissé leur empreinte dans la cuisine internationale.

Le premier chronologiquement, Alexis Soyer, né à Meaux en 1810, est, peut-être, par le tour inattendu de sa carrière, le plus original. Après des débuts très classiques dans la grande restauration parisienne, puis des responsabilités aux cuisines du ministère des Affaires étrangères, il s'installa à Londres comme chef du Reform Club. Marié à l'actrice anglaise Emma Jones, il changea de vie après la mort subite de celle-ci, en se consacrant à des œuvres de bienfaisance : cantines pour les déshérités, cuisine de camps pour les armées britanniques pendant la guerre de Crimée.

228.- Dîner dans un workhouse (asile des pauvres) au XIXe siècle. (Exeter University Library).

Précurseur de l'alimentation industrielle, il créa deux préparations vendues en flacon, la sauce Soyer, destinée à accompagner les viandes, et le nectar de Soyer, à base d'eau « aérée » et de jus de fruits.

Les ouvrages qu'il a laissés dénotent à la fois sa formation prestigieuse et ses préoccupations philanthropiques : *The Gastronomic Regenerator, The Poor Man's Regenerator* et *A Shilling Cookery*.

À la différence de Léon Colombier, dit Granier, languedocien retiré au château des Ormes-sur-Voulzie après fortune faite au service du duc de Morny et du comte de Flandres, Achille Ozanne, cuisinier du roi de Grèce, était Seine-et-Marnais de naissance, puisque né à La Chapelle-la-Reine. Et c'est à Fontainebleau qu'il mourut en 1896, de retour au pays natal après une existence brève (il avait cinquante ans) mais bien remplie. La littérature s'y trouvait étroitement mêlée, puisqu'il avait publié des *Poésies gourmandes*, dans l'esprit de celles de Monselet. Il excellait à mettre les recettes en vers, comme cette « grive à la casserolle », qui nous fait irrésistiblement penser au terroir bellifontain :

229.- Les Ormes-sur-Voulzie (canton de Bray-sur-Seine) – la château avant 1911.

« Bien cuite dans la casserole
Avec des dés de petits lards,
Et quand on la dresse avec art,
Trônant sur sa croûte rôtie,
Puis du cresson ornant le plat,
Un vrai courant de sympathie
Se manifeste avec éclat. »

Avec Ozanne avait un temps collaboré un cuisinier plus jeune de onze années, Philéas Gilbert, qui, né hors de Seine-et-Marne, présenta un point commun avec son aîné en décédant dans ce département, à Couilly-Pont-aux-Dames exactement, en 1942.

230.- Philéas Gilbert (1857-1942), cuisinier, journaliste, polémiste, chroniqueur et... Seine-et-Marnais d'adoption.

Lui aussi passait avec bonheur de la cuillère à la plume, puisqu'on lui doit de nombreuses publications, outre une collaboration au *Guide culinaire* d'Escoffier, un autre parmi ses initiateurs : *la Cuisine rétrospective, la Cuisine de tous les mois* et *l'Alimentation et la technique culinaire à travers les âges.*

Auteur tout aussi prolixe avec *la Grande Cuisine bourgeoise* (1976) et *la Vraie Cuisine légère* (1981), André Guillot leur ressemble par une carrière partagée entre les grandes maisons particulières (les dernières à s'être maintenues sur le pied qu'il décrit) et la restauration de tout premier ordre.

Né en 1908 à Faremoutiers où son grand-père maternel possédait une ferme, il sut rester fidèle à son département d'origine en dirigeant, de 1947 à 1952, la *Réserve de Seine-Port*. C'était une auberge établie dans un ancien relais du coche d'eau sur la Seine, entre Melun et Corbeil.

231.- Seine-Port (canton de Melun-nord) – le passeur avant 1914.

Ses écrits comportent des recettes où l'héritage briard se mêle avec bonheur à une créativité de grand chef. Ce sont essentiellement elles qui illustreront le souvenir de tous ces grands anciens, après toutefois les œufs sur le plat à la Philéas Gilbert.

Œufs sur le plat à la Philéas Gilbert :

Enduisez un plat à sauter d'un peu d'huile de noix.
Étalez sur le fond de la noix fraîche épluchée et hachée, à raison d'une par œuf et un peu d'échalote hachée.
Faites chauffer.
Cassez les œufs dans le plat et faites cuire.

Talmouse de Saint-Denis au brie de Meaux (André Guillot) :

« 2 dl de crème, 100 g de beurre, un peu de sel, un peu de muscade râpée, mettre à bouillir, jeter en pluie de la farine dans cette préparatin pour en faire une pâte à choux, ôter du feu, mouiller aux œufs et y ajouter 300 g de brie de Meaux à point, passer au tamis.
« D'autre part, détailler dans de la pâte à tourte feuilletée des rectangles de 7 cm de long sur 4 de large. Dorer le bord de ces rectangles. Placer au milieu de chaque rectangle gros comme deux noix de pâte au fromage et rapprocher les coins opposés du rectangle sur ce fromage, dorer à l'œuf et cuire à bon four. N'oubliez pas d'assaisonner la pâte à choux au fromage de haut goût. »

Gigot de mouton braisé à la Crécy (André Guillot) :

« Temps de cuisson du gigot : 3 heures 30, des carottes : 1 h.
« 1 gigot de mouton raccourci de 3 kg, ôter l'os du quasi, assaisonner la viande la veille avec sel, poivre, romarin et la frotter avec l'huile d'olive.
« Placer le gigot dans un plat creux, l'arroser de cognac et le mettre au réfrigérateur.
Le lendemain, dans une casserole à braiser, faites revenir dans 150 g de lard de poitrine, une Mirepoix fine composée de 300 g de carottes, de 200 g d'oignons, 2 échalotes, 1 gousse d'ail et 100 g de persil.
« Dans un autre récipient, faire colorer le gigot avec du saindoux et le mettre dans la casserole à braiser. Ajouter 7 à 8 cl de cognac, faire flamber, mouiller avec 1 bouteille d'hermitage, ajouter 1 bouquet garni, 5 gousses d'ail, 1 pied de veau et 2 couennes.

« Couvrir l'ustensile, faire prendre l'ébullition et mettre au four pour continuer la cuisson. Ajouter, par petites quantités, à mesure de l'évaporation du liquide, une deuxième bouteille de vin et 1 litre de bouillon concentré. À part, mettre à cuire dans très peu d'eau légèrement salée, 2 kg de petites carottes nouvelles.
« A mi-cuisson des carottes, ajouter 30 g de sucre, 160 g de beurre, laisser réduire à fond pour placer les carottes.
« Sortir le gigot de la cuisson, faire réduire le fond, ôter le bouquet garni, l'ail, les couennes et le pied de veau. Mélanger le fond réduit aux carottes. Dresser le gigot sur un plat de service, le découper et le napper d'un peu de fond de cuisson. Servir le reste à part, ajouter des pommes à l'anglaise. »

📖 Crème frangipane (André Guillot) :

« 1 litre de lait, vanille en poudre, 300 g de sucre, 12 jaunes, 200 g de beurre, 100 g de poudre d'amandes, 40 g de farine.
« Mettre le lait à bouillier avec la moitié du sucre et la vanille. Travailler d'autre part le beurre avec l'autre moitié du sucre, les 12 jaunes d'œufs et la poudre d'amandes. Quand l'appareil est bien blanc, ajouter la farine, verser le lait bouillant dessus et cuire 1 minute. »

232.- Un chef à la Belle Époque, croquis de René Vincent 1909.

📖 Tarte de Coulommiers à la bouillie (André Guillot) :

« Foncer les cercles à flan en pâte fine, les garnir de l'appareil suivant :
« Faire une bouillie en délayant à froid 120 g de farine de gruau avec 1 litre de lait, 1 grain de sel, 150 g de sucre, 1 cuillerée à café d'eau de fleur d'oranger. Faire bouillir en laissant prendre très peu l'appareil au fond de l'ustensile (de façon à donner une saveur particulière). Sortir du feu, ajouter 50 g de beurre, 100 g de sucre, 4 jaunes d'œufs, 10 cl de crème, garnir les cercles. Mettre au four ; à la fin de la cuisson, mettre du sucre cristallisé et quelques noisettes de beurre sur la tarte. Laisser caraméliser légèrement, sortir du four, démouler. Servir chaud, tiède ou laisser refroidir. »

📖 Panades frangipanes :

André Guillot en communique deux recettes :

1 – « Placer dans une casserole 5 dl de crème, un peu de sel, un peu de poivre du moulin, un peu de noix de muscade râpée et 200 g de beurre.
« Lorsque le mélange bout, y jeter en pluie de la farine en mélangeant énergiquement (tout ce que la frangipane peut prendre de farine), sortir du four et mouiller avec 4 ou 6 œufs. »

2 – « Faites bouillir 1 litre de lait, assaisonner d'un peu de sel, de poivre et de muscade.
« D'autre part, dans un récipient, mélanger au fouet 8 jaunes d'œufs entiers, 200 g de beurre et 200 g de farine, y verser le lait bouillant et cuire 1 à 2 minutes, laisser refroidir, réserver pour l'emploi. »

Avec bouillie et frangipane, nous sommes revenus là-même où nous avons commencé. La boucle est bouclée, avec sa leçon sur l'enrichissement que le passé ménage constamment à l'avenir.

233.- Le conseil du maître d'hôtel, dessin de Fernel, avant 1914.

L'avenir, il est présentement dans les écoles professionnelles de Seine-et-Marne… et, d'ailleurs, où les jeunes découvrent l'amour du bel ouvrage et la persévérance dans un métier dont la vocation à dispenser le plaisir rend le public oublieux de sa difficulté. Certains de ces élèves auront la révélation d'un talent exceptionnel, mais tous, en devenant des maîtres de la saveur, partageront avec les Soyer, Ozanne, Philéas Gilbert et André Guillot, le privilège de contribuer à l'une des formes les plus élémentaires et les plus raffinées de la civilisation.

MARIAGE
de Mlle Alice LECLERC
et M. Albert BÉGIS

Menu

DÉJEUNER
DU 14 MAI 1928

Hors-d'Œuvre Variés

RELEVÉ

Truite Saumonée Sauce Nantua

ENTRÉE

Ris de Veau Régence

Filet de Charolais Portugaise

LÉGUMES

Asperges Sauce Ivoire

ROTI

Poularde de Bresse Truffée

Salade

Fromage

DESSERT

Glace Madeleine

Gaufrettes -:- Fours Glacés

Fondant au Kirsch

Corbeilles de Fruits

VINS

Mâcon et Graves en Carafes

Moulin-à-Vent 1919

Champagne Moët et Chandon

Café ::: Liqueurs

Hôtel de l'Ours, BONNIAUD, Coulommiers. Imp. E. DESSAINT

234.- Coulommiers, *hôtel de l'Ours,* déjeuner de mariage, le 14 mai 1928.

Bibliographie

ACADÉMIE DES GASTRONOMES, ACADÉMIE CULINAIRE DE FRANCE, *La Haute Cuisine française, les cent menus du Président*, Jean-Pierre Delarge éditeur, Paris, 1975.

Almanach du Messager, « Melun, le Messager de Seine-et-Marne », 1899.

Almanach Hachette, « Petite Encyclopédie populaire de la vie pratique », Hachette, Paris, 1942.

Almanach de Seine-et-Marne et du diocèse de Meaux, diverses années.

Almanach du département de Seine-et-Marne, diverses années.

ANDROUËT, *La Cuisine au fromage*, Stock, Paris, 1984.

BAILLY (Paul), *Légendes au cours des siècles en Seine-et-Marne*, chez l'auteur, Nanteuil-les-Meaux, 1978.

BAR (Amélie), *Nouveau Guide des confitures*, Ouest-France, s.l., 1987.

BARTILLAT (Christian de), *La Brie qui pense*, Presses du Village, Étrepilly, 1985.

BILLY (André), *Les beaux jours de Barbizon,* Presses du Village, Étrepilly, 1985.

CAJAT (Claude), « Marcel Proust et la Brie », article i*n Revue d'histoire et d'art de la Brie et du pays de Meaux*, 1983.
« Noblesse de robe et jansénisme en Brie au XVIIe siècle », article in *Revue d'histoire et d'art de la Brie et du pays de Meaux,* 1986.

CARÊME (Antonin), *L'art de la cuisine française au dix-neuvième siècle*, Au comptoir des Imprimeurs Unis, Paris, 1847.

CARON (Michel) et RIVAL (Ned), *Dictionnaire des potages*, éditions de la Pensée moderne, Paris, 1954.

CHATILLON-PLESSIS, *La vie à table à la fin du XIXe siècle*, Firmin-Didot, Paris, 1894.

CHAUDIEU (Georges), *Au temps des charrues*, Presses du Village, Étrepilly, 1983.

CHAUSSY (Dom Yves), « Jouarre et Bossuet », in *L'Abbaye royale Notre-Dame de Jouarre*, Paris, s.d.

CHEMIN (Cécile), *Confitures, gelées et marmelades*, Besançon, éditions de la Lanterne, s.l., 1982.

COCHET-COCHET, *Notes historiques sur la Brie ancienne*, imprimerie Legrand et fils, Melun, 1933.

CONSTANTIN-WEYER (Maurice), *Les secrets d'une maîtresse de maison*, les éditions Rieder, Paris, 1932.

COURTINE (Robert J.) et DESMUR (Jean), *Anthologie de la littérature gastronomique*, Trévise, Paris, 1970.

CROZE (Austin de), *Les plats régionaux de France*, Daniel Morcrette, Paris, 1977.
What to Eat & Drink in France, London et New-York, Frederick Warme & co Ltd, s.d.

CURNONSKY et ROUFF (Marcel), *La France Gastronomique*, F. Rouff, Paris, 1921.

MARIAGE

de Mlle Reine Leroy

et de M. Marcel Michel

Déjeuner du 30 Octobre 1928

Œufs à la Crème - Crevettes bouquet
Coquilles d'Isigny
Filet de Sole à la Dauphinoise
Gigue de Chevreuil grand veneur
Purée de Marrons
Sorbets au Marasquin
Poularde du Mans truffée à la broche
Foie gras de Strasbourg
Salade de saison
Fonds d'artichauts demi-glace
Glace vanille pralinée
Cigarettes
Paniers de petits fours glacés
Corbeilles de fruits

Saint-Bris - Givrey
Côteau du Layon - Saint-Emilion
Champagne Moët et Chandon
Café - Liqueurs

L. CHARPENTIER, Hôtel du Dauphin, NANGIS (S.-&-M.)
NANGIS. - IMP. G. PLANCASSAGNE

246.- Nangis, *hôtel du Dauphin*, déjeuner de mariage, le 30 octobre 1928.

MARIAGE

de Mlle Reine Leroy

et de M. Marcel Michel

Souper du 30 Octobre 1928

Consommé de Volaille velouté
Médaillon de Ris de veau Sévigné
Haricots verts à l'Anglaise
Faisan rôti sur canapé
Salade de saison
Coupe de fruits glacés
Friandises

Saint-Bris - Givrey
Pommard
Champagne Moët et Chandon
Café - Liqueurs

L. CHARPENTIER, Hôtel du Dauphin, NANGIS (S.-&-M.)
NANGIS. - IMP. G. PLANCASSAGNE

247.- Nangis, *hôtel du Dauphin*, souper de mariage, le 30 octobre 1928.

Dauvergne (Anatole), *Notice sur le château neuf et l'église des Capucins de Coulommiers*, Hardel, Paris, 1853.

Denis (F.-A.), *Lectures sur l'histoire de l'agriculture en Seine-et-Marne*, Presses du Village, Étrepilly, 1982.

Dessaint (Ernest), *Histoire de Coulommiers, des origines à nos jours*, Dessaint, Coulommiers, 1925.

Dictionnaire biographique de Seine-et-Marne, Henri Jouve, Paris, 1893.

Dictionnaire de l'Académie des Gastronomes, éditions Prisma, Paris, 1962.

Diot (Auguste), *Le Patois briard*, Brodard, Coulommiers, s.d.

Dumas (Alexandre), *Le Grand Dictionnaire de Cuisine,* éditions Henri Veyrier, Paris, s.d.

Encyclopédie Culinaire du xxe siècle, éditions Culture - Arts et Loisirs, Paris, 1968.

Escoffier, *Ma cuisine*, Flammarion, Paris, 1934.

François (A.), « Seine-et-Marne », *La France par départements*, Alcide Picard et Kaar, Paris, s.d.

Goncourt (Edmond et Jules de), *Manette Salomon*, G. Charpentier, Paris, 1877.

Gouffé (Jules), *Le livre de cuisine*, éditions Henri Veyrier, Paris, 1988.
Le livre de pâtisserie, éditions Henri Veyrier, Paris, 1988.

Gringoire (Th.) et Saulnier (L.), *Le Répertoire de la Cuisine*, Flammarion, Paris, 1990.

Guégan (Bernard), *Le cuisinier français ou les meilleures recettes d'autrefois et d'aujourd'hui,* Belfond, Paris, 1980.

Guillemard (Colette), *Menus et Coutumes des provinces françaises*, Christine Bonneton, Le Puy-en-Velay, 1985.
La fourchette et la plume, Carrère, Issy-les-Moulineaux, 1988.

Guivande (Paul), *Connaissance de Provins*, éditions du Hameau, Paris, 1974.

Guy (Christian), *Almanach historique de la Gastronomie française*, Hachette, Paris, 1981.
Histoire de la Gastronomie française, éditions Fernand Nathan, Paris, 1985.

Herbin (Pierre), *Mémoires du pays de Lagny*, éditions de la Gourdine, Lagny-sur-Marne, 1976.

Hering (Richard), *Lexikon der Küche*, Fachbuchverlag Dr. Pfanneberg & Co, Giessen, 1959.

Husson (Georges), *La Dubarry à Pont-aux-Dames*, Le Blondel, Meaux, 1888.

Journal de Seine-et-Marne, diverses années.

La Croix de Seine-et-Marne, diverses années.

La Cuisine de A à Z, Femmes d'aujourd'hui, s.l.n.d.

La Cuisinière bourgeoise, suivie de *l'Office, à l'usage de tous ceux qui se mêlent des dépenses de maison*, chez Guillyn, quai des Augustins, du côté du Pont-Saint-Michel, au Lys d'Or, Paris, 1764. et chez Amable Leroy, imprimeur-libraire, Lyon, 1802.

La France à Table - Seine-et-Marne, La France à Table, Paris, mai 1974.

Larousse gastronomique, Larousse, Paris, 1984.

Lebert (Fernand), *L'invasion dans le nord de Seine-et-Marne, 1914, Étrepilly, la charge des zouaves,* G. Lepillet, Meaux, 1918.

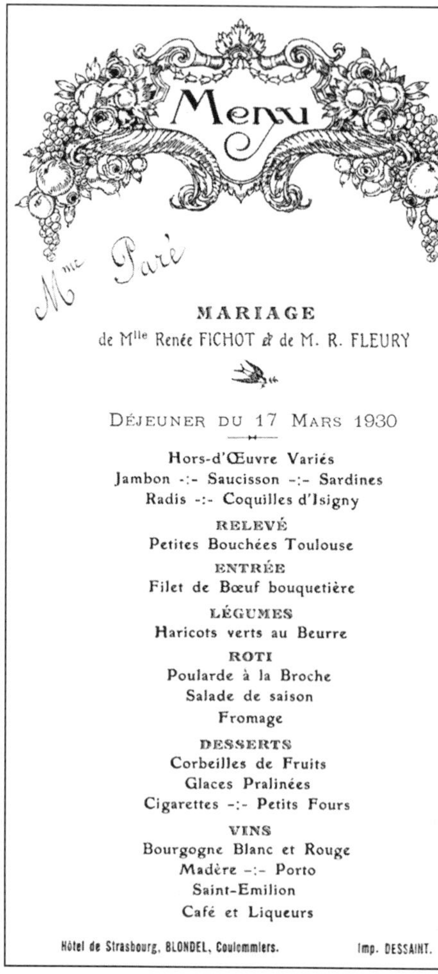

Menu

Mme Paré

MARIAGE
de Mlle Renée FICHOT & de M. R. FLEURY

DÉJEUNER DU 17 MARS 1930

Hors-d'Œuvre Variés
Jambon -:- Saucisson -:- Sardines
Radis -:- Coquilles d'Isigny

RELEVÉ
Petites Bouchées Toulouse

ENTRÉE
Filet de Bœuf bouquetière

LÉGUMES
Haricots verts au Beurre

ROTI
Poularde à la Broche
Salade de saison
Fromage

DESSERTS
Corbeilles de Fruits
Glaces Pralinées
Cigarettes -:- Petits Fours

VINS
Bourgogne Blanc et Rouge
Madère -:- Porto
Saint-Emilion
Café et Liqueurs

Hôtel de Strasbourg, BLONDEL, Coulommiers. Imp. DESSAINT.

248.- Coulommiers, *hôtel de Strasbourg*, déje
de mariage, le 17 mars 1930.

Ville de Meaux
19e ANNIVERSAIRE
de la Victoire de la Marne

DEJEUNER du 10 SEPTEMBRE 1933

Menu

La Truite saumonée à la Néva
Le civet de lièvre Bourguignon
La Poularde glacée au Porto
La Salade
Le Brie de Meaux
La Bombe pralinée
Les Gaufrettes
Les Fruits

Les VINS

Beaujolais vieux
Champagne nature
Moulin à Vent 1926
Champagne frappé

Café Liqueurs

249.- Meaux, h*ôtel du duc d'Aquitaine*, déjeuner du 19e anniversaire de la victoire de la Marne, le 10 septembre 1933.

LECOTTE (Roger), *Recherches sur les cultes populaires dans l'actuel diocèse de Meaux*, Mémoires de la Fédération folklorique d'Île-de-France, Paris, 1953.

Le Courrier de Seine-et-Marne, diverses années.

Le Cuisinier français, Montalba, Paris, 1983.

Le Livre d'or du fromage, Encyclopédie pratique de fromages du monde, éditions Atlas, Paris, 1984.

MARIETTE, *La cuisine familiale*, éditions de Montsouris, Paris, 1973.

MERCIER (Henri), *La gastronomie française*, Flammarion, Paris, 1963.

Merveilles des châteaux de l'Ile de France, Hachette, Paris, 1971.

NISBET (Anne-Marie) et MASSENA (Victor-André), *L'Empire à table*, éditions Adam Biro, Paris, 1988.

Notre Département, La Seine-et-Marne, Lys éditions Presse, Le Mée-sur-Seine, divers numéros.

PELLAPRAT (Henri-Paul), *Le nouveau guide culinaire*, éditions René Kramer S.A., Lausanne, 1968.

PERREAU (Robert), *Bibliographie de Meaux et de Coulommiers*, éditions Perreau, Meaux, 1969.

PIGNARD-PEGUET (Maurice), *Histoire générale illustrée des départements : Seine-et-Marne,* Auguste Gout et Cie, imprimeurs, Orléans, 1911.

PLANCKE (René-Charles), Promenades dans le passé, tome II, *La Ferté-sous-Jouarre et ses environs*, éditions Amatteis, Le Mée-sur-Seine, 1986.
Promenades dans le passé, tome III, *Lagny, Chelles et leurs environs*, éditions Amatteis, Le Mée-sur-Seine, 1987.

PRINGUÉ (Gabriel-Louis), *Portraits et fantômes*, Raoul Solar, Paris, 1951.
Trente ans de dîners en ville, Paris, éditions Revue Adam, 1950.

RIBIER (Maurice), *Un petit village si bien caché*, chez l'auteur, Saint-Cyr-sur-Morin, 1983.

RICHARD (abbé), *Notice sur Pomponne-lès-Lagny*, Lagny, 1889.

RICHARDIN (Edmond), *L'Art du Bien Manger, La cuisine française du* XIVe *siècle au* XXe *siècle,* éditions d'Art et de Littérature, Paris, s.d.

SAINT-SIMON (Claude-Louis de Rouvroy, duc de), *Mémoires*, chez Buisson, libraire, hôtel de Coëtlosquet, rue Hautefeuille n° 20, Paris, 1789.

SALMON (Hubert), LOURDAIS (Rémi) et VERBIER (François), *500 recettes SEB*, éditions Euro-Advertising, Paris, s.d.

TAILLEVENT (Guillaume Tirel, dit), *Le Viandier*, Slatkine Reprints, Genève, 1967.

Tout en un, Encyclopédie des Connaissances humaines, Hachette, Paris, 1921.

VAULTIER (Roger), *Chasseurs et gourmets*, Crépin-Leblond, Paris, 1951.

VILLON (Robert), *La cuisine amoureuse et magique*, Philippe Lebaud, Paris, 1987.

ZWEIG (Stefan), *Honoré de Blazac, le roman de sa vie*, éditions Albin Michel, Paris, 1950.

L'illustration a été réunie par René-Charles Plancke grâce aux collections de Simone Plancke, d'Yves Neveu, de l'auteur, du musée de Nemours, du musée de Brunoy, du musée militaire briard, et aux archives des éditions Amattéis.

Banquet d'Adieu

offert à

Monsieur Robert

Inspecteur Primaire

sous la présidence de

Monsieur Santelli

Inspecteur d'Académie

26 OCTOBRE 1933

Salons de l'Hôtel de la Fontaine, Provins

MENU

Paté Croute Maison

Truite de rivière à la Gelée

Selle d'Agneau Parmentier

Haricots verts au beurre

Poularde de Bresse

Salade de saison

Fromages

Corbeilles de fruits

VINS

Grand vin rouge et blanc

Moulin-à-Vent

Champagne

Café - Liqueurs

250.- Provins, *hôtel de la Fontaine,* banquet d'adieu offert à un inspecteur primaire, le 26 octobre 1933.

Déjeuner du 5 Février 1934

les Hors-d'Œuvre variés

les Délices de Sole Joinville

le Turban de Ris de Veau Financière

le Filet de Bœuf Bouquetière

les Pommes Duchesse

la Poularde Rôti

la Salade Lorette

la Bombe Brésilienne
les Gaufrettes
la Corbeille de Fruits
les Petits Fours Glacés

les Vins

Porto - Barsac - Mercurey
Saint-Emilion - Champagne

le Café - les Liqueurs

E. DUBOIS, Pâtissier-Restaurateur

251.- Brie-Comte-Robert, M. E. Dubois, pâtissier-restaurateur, déjeuner de mariage, le 5 février 1934.

Index des recettes

Communion Solennelle
de
MONIQUE MICHENON

Hors-d'œuvre variés
Filet de Sole Dieppoise
Jambon au Porto
Epinards au jus
Poulet de Bresse rôti cresson
Salade
Fromage
Pièce Montée Nougat
Coupe de fruits rafraichis au champagne
Petits Fours

VINS

Bordeaux blanc - Rosé d'Anjou
Beaujolais en carafe
Anjou
Coteaux du Layon 1933
Pommard 1928
Champagne Heidsieck
Café-Liqueurs

Hôtel du Sauvage
Joël TEINTURIER
La Ferté-Gaucher

16 Mai 1937

BERTIER - COULOMMIER

248.- La Ferté-Gaucher, *hôtel du Sauvage*, déjeuner de communion, le 16 mai 1937.

le 26 novembre 1990

Feuilleté d'escargots de Villemaréchal

Magret de canard à la crème de pois cassés à la façon des Ecrennes

Fromages de la Brie

Tarte chaude aux pommes caramélisées

Vin

Association "Produits et terroirs de Seine-et-Marne - Ile-de-France"

249.- Dammarie-lès-Lys, déjeuner des *Produits et terroirs de Seine-et-Marne – Île de France*, le 26 novembre 1990.

P

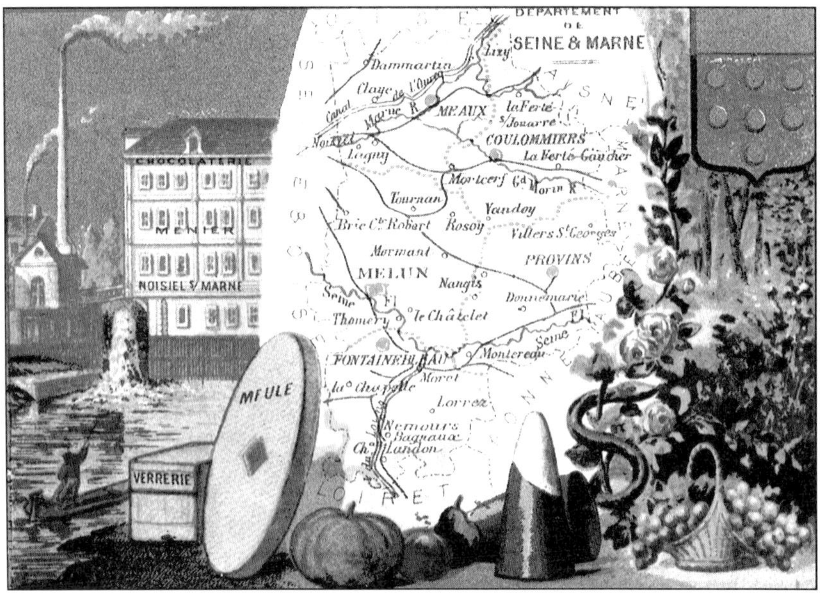

250.- La Seine-et-Marne, image éducative de 1876.

RESTAURANT

Table des Matières

3 – Les tables des châteaux

4 – Les maîtres de la saveur

Saisie informatique :
Monique Gréban
Martine Nicaud

Mise en page
sur logiciel Ventura 4.0™ :
Maurice Amatteis

Correction :
Christiane Germain

Photogravure, logiciel Ofoto™ :
Éditions Amatteis

Transcodage, Lino 530 :
Édicompo 77

Avec les films fournis
cet ouvrage a été
achevé d'imprimer
en décembre 1992
sur les presses
de l'imprimerie
Lienhart & Cie
à Aubenas d'Ardèche

dépôt légal : décembre 1992
n° 6045
Imprimé en France